LAUDO PSICOLÓGICO E OUTROS DOCUMENTOS TÉCNICOS

MARIA ANGÉLICA GABRIEL

LAUDO PSICOLÓGICO E OUTROS DOCUMENTOS TÉCNICOS

Laudos, atestados, pareceres, relatórios, declarações e prontuários

1ª Edição

Freitas Bastos Editora

Copyright © 2022 by Maria Augusta Delgado Livraria, Distribuidora e Editora
Todos os direitos reservados e protegidos pela Lei 9.610, de 19.2.1998.
É proibida a reprodução total ou parcial, por quaisquer meios,
bem como a produção de apostilas, sem autorização prévia,
por escrito, da Editora.

Direitos exclusivos da edição e distribuição em língua portuguesa:

Maria Augusta Delgado Livraria, Distribuidora e Editora

Editor: *Isaac D. Abulafia*
Diagramação e Capa: *Julianne P. Costa*

Dados Internacionais de Catalogação na Publicação (CIP) de acordo com ISBD

G118l   Gabriel, Maria Angélica
        Laudo Psicológico e Outros Documentos Técnicos: laudos, atestados, pareceres, relatórios, declarações e prontuários / Maria Angélica Gabriel. - Rio de Janeiro, RJ : Freitas Bastos, 2022.
        96 p. ; 15,5cm x 23cm.

        Inclui bibliografia.
        ISBN: 978-65-5675-096-5

        1. Psicologia. 2. Laudo Psicológico. 3. Atestados. 4. Pareceres. 5. Relatórios. 6. Declarações. 7. Prontuários. I. Título.

2022-196   CDD 150
                                                                                                       CDU 159.9

Elaborado por Vagner Rodolfo da Silva - CRB-8/9410

Índices para catálogo sistemático:
1. Psicologia 150
2. Psicologia 159.9

Freitas Bastos Editora
atendimento@freitasbastos.com
www.freitasbastos.com

Dedico esse livro, com admiração e ternura, ao meu pai, Elias Salomão Gabriel (*in memorian*), pelos seus ensinamentos de amor ao próximo, solidariedade e honestidade, que levo em meu coração para todo o sempre.

AGRADECIMENTOS

Agradeço à UERJ, Universidade que me formei e, até hoje, trago nessas linhas experiências vividas nos espaços acadêmicos e comunitários.

Agradeço a dois médicos que chamo de "amigos paternos", Júlio Melo Filho (*in memorian*) e Sânio Schvartz, que na década de 80/90 confiaram em meu trabalho e abriram um campo de atuação e pesquisa em hospitais no Rio de Janeiro e em Congressos e Encontros Científicos, ajudando-me a desenvolver o conhecimento clínico e ter reconhecimento no meio acadêmico-científico.

Agradeço aos meus alunos e pacientes que me propiciam um espaço de saber fundamental para apresentar esse conhecimento que compartilho aqui hoje.

Aos meus colegas de trabalho, em especial ao profissional e amigo, Eduardo Gomes, que cuida de toda parte administrativa da CLIMAG com zelo e responsabilidade, facilitando a minha dedicação à saúde dos pacientes e à supervisão dos profissionais de Psicologia, fatores indispensáveis para a produção desse livro.

À diretora do Grupo Educativa, Thaís Pincigher, e o Gestor de TI, Rodrigo Ramos, pela forma como conduzem os trabalhos do Grupo, permitindo o compartilhamento do meu conhecimento de Avaliação Psicológica para psicólogas(os) e estudantes de Psicologia no Brasil.

Agradeço à minha família, em especial, à Thaís, minha filha, Eduardo, meu marido, Jorge, meu irmão e, Conceição, minha mãe, que abdicam do tempo comigo para que eu possa realizar os meus sonhos na clínica e na educação, e nesse momento, o sonho de dividir esse conhecimento com vocês.

Muita Gratidão a vocês!

APRESENTAÇÃO

O livro "Laudo Psicológico e Outros Documentos Técnicos" foi escrito como resposta a solicitação de alunos(as), supervisores(as) e psicólogos(as) que carecem de literatura atualizada para elaborar documentos que precisam ser redigidos nos diferentes campos de atuação da(o) psicóloga(o), cumprindo regulamentos do Conselho Federal de Psicologia e das instituições a que estes são destinados.

Não é uma tarefa fácil redigir um documento técnico de serviços psicológicos, pois são textos que exigem do autor formatação e conteúdo regulamentado pelo Conselho Federal de Psicologia e, ao mesmo tempo, confere ao autor, liberdade para uma escrita própria. Ademais, contamos com uma literatura escassa e resoluções revogadas e alteradas para normatização de tais documentos, o que faz com que o profissional necessite de atualização, constantemente, para manter o padrão ético dos documentos elaborados e encaminhados na prática da profissão.

Nesse livro, criei um esquema básico fundamentado na Resolução CFP 06/2019 e outras resoluções do Conselho Federal de Psicologia para facilitar a compreensão e a prática profissional, promovendo um maior conforto a estagiários e profissionais de Psicologia, que precisam elaborar laudos, relatórios, pareceres, atestados, prontuários e declarações, no dia a dia da sua atuação profissional.

Espero que o texto corresponda a expectativa dos colegas que estavam aguardando por esse conteúdo e que contribua significativamente na elaboração de documentos provenientes de avaliação psicológica, análise técnica de documentos e/ou atendimento psicológico. A proposta desse escrito é funcionar como um *handbook*, oferecendo modelos e esclarecendo diariamente as dúvidas na elaboração dos documentos técnicos redigidos no seu campo de atuação.

Aos leitores desejo boa leitura e boas práticas na elaboração de documentos técnicos!

SUMÁRIO

INTRODUÇÃO XIII

CAPÍTULO 1 – Os Documentos Técnicos e seus Objetivos 1

CAPÍTULO 2 – Princípios Técnicos, Princípios Éticos e a Linguagem
da Redação 5

CAPÍTULO 3 – Declaração e Atestado 11

CAPÍTULO 4 – Relatório Psicológico e Multiprofissional 21

CAPÍTULO 5 – Laudo Psicológico 33

CAPÍTULO 6 – Parecer Psicológico 50

CAPÍTULO 7 – Registros Facultativos, Guarda e Envio do
Documento Técnico 57

CAPÍTULO 8 – Prontuários 61

CAPÍTULO 9 – Laudo Psicológico na Clínica 65

CAPÍTULO 10 – Laudo Psicológico para Manuseio/Porte de
Arma de Fogo 73

CONSIDERAÇÕES FINAIS 79

Referências Bibliográficas 81

INTRODUÇÃO

Antes de redigir documentos técnicos provenientes de serviços prestados por psicólogos(as), precisamos ter em mente que devemos saber qual o objetivo de cada documento para produzirmos o correto, precisamos ainda conhecer as resoluções do Conselho Federal de Psicologia que regulamentam e normatizam documentos escritos, pois todo e qualquer documento escrito precisa ser pautado nos preceitos éticos e técnicos da Psicologia. Ademais, quando elaboramos o documento para uma determinada instituição, precisamos saber se essa apresenta um modelo próprio para que possamos adaptar conteúdos e formatação. Por exemplo, ao elaborar o documento técnico para a DPF (Departamento da Polícia Federal) de uma avaliação de aptidões para porte de arma de fogo, precisamos conhecer a Normativa da Polícia Federal que define que fatores devem ser avaliados e redigir os resultados no modelo próprio da instituição. Sendo assim, precisamos ter conhecimentos das normas de nosso Conselho de Classe e conhecimento de normas das instituições que nos propomos a enviar um documento técnico, seja ele resultado de uma avaliação psicológica, seja ele um comunicado de intervenção.

Em relação às resoluções do Conselho Federal de Psicologia (CFP), que fundamentam a elaboração de documentos técnicos, nas linhas a seguir, farei um breve histórico para que o leitor possa se situar no tempo e entender as mudanças ocorridas por revogação de resoluções ou alteração de artigos nas resoluções anteriores. Sendo importante, manter-se atualizada(o), pois novas resoluções podem surgir e estabelecer novas diretrizes.

A utilização de resoluções para regulamentar e normatizar os documentos escritos produzidos a partir de serviços prestados por profissionais de Psicologia, propriamente dita, surge no início desse século com a resolução CFP 17/2002. Tal resolução surge em um contexto de muitas demandas da Justiça de avaliação psicológica na área criminal e de família, precisando assim da avaliação psicológica para auxiliar o juiz na tomada de decisão de casos que exigiam conhecimento dos danos psicológicos ou perfil de personalidade para julgamento. Por não ter um referencial de elaboração desses documentos, os profissionais de Psicologia elaboravam documentos de formas diversas, com conteúdo variado, o que se tornava alvo de críticas e denúncias, junto aos Conselhos de Classe, e promovia um espaço para inúmeras contestações. Com objetivo de enfrentamento dessas dificuldades, o Conselho de Psicologia no I FORUM NACIONAL DE AVALIAÇÃO PSICOLÓGICA define a importância de ter um referencial para elaboração de documentos técnicos. A primeira resolução para orientar profissionais psicólogos(as) para formatação e redação dos documentos, a **Resolução CFP 17/2002**, apresentava o Manual de Elaboração de Documentos Produzidos por Psicólogos decorrentes de Avaliação Psicológica. Nessa resolução, a(o) profissional tinha orientações para redigir cinco modalidades de documentos: 1. Declaração; 2. Atestado Psicológico; 3. Relatório Psicológico; 4. Laudo Psicológico; 5. Parecer Psicológico.

Muitos questionamentos surgiram a respeito da conceituação do Parecer Psicológico e da forma de redação dessa resolução, sendo assim, em 2003, passamos a ser regidos por uma nova resolução que revogou a **CFP 17/2002**, a **Resolução CFP 07/2003**, que mantinha o mesmo título da anterior, Manual de Elaboração de Documentos Escritos decorrentes de Avaliação Psicológica, porém agora com uma nova concepção de Parecer e integrando em um mesmo documento Laudo e Relatório, tendo nessa resolução normatização para quatro documentos técnicos: 1. Declaração; 2. Atestado Psicológico; 3. Relatório Psicológico/ Laudo Psicológico; 4. Parecer Psicológico.

Essa resolução normatizou e regulamentou nossa atividade de formatação e redação de documentos técnicos por 16 anos, alvo de críticas no campo da Psicologia, dentre outros motivos, ter juntado Laudo e Relatório em um mesmo artigo, pois embora a formatação fosse a mesma, a finalidade e o conteúdo de cada um desses documentos não correspondiam. Assim, em 2019, foi aprovada a Resolução 04/2019, que por falhas na redação foi substituída pela **Resolução CFP 06/2019** – Manual de Elaboração de Documentos Produzidos por Psicólogos, que está em vigor até o presente momento. A Resolução CFP 06/2019 orienta e regulamenta a redação dos seguintes documentos técnicos: 1. Declaração; 2. Atestado; 3. Relatório Psicológico; 4. Relatório Multiprofissional; 5. Laudo Psicológico; 6. Laudo Multiprofissional; 7. Parecer.

Nos capítulos a seguir, vamos compreender as normas éticas e técnicas de cada um desses documentos e como redigir na prática, de acordo com a regulamentação e normatização do Conselho Federal de Psicologia. Além desses documentos técnicos, nesses escritos será acrescentado um capítulo para apresentar a forma de redação de Prontuário, visto que é um documento obrigatório e há muitas dúvidas em como elaborá-lo. O prontuário psicológico é um registro documental, por esse motivo, não se encontra nessa resolução, sua normatização se encontra nas **Resoluções CFP 01/2009 e CFP 05/2010**.

CAPÍTULO 1
Os Documentos Técnicos e seus Objetivos

De acordo com a Resolução 06/2019, temos hoje cinco documentos técnicos redigidos por psicólogas (os), que são: Declaração, Atestado, Relatório, Laudo e Parecer (CFP, 2019). Sendo que o Relatório e o Laudo podem ser escritos somente pela(o) psicóloga(o) – Relatório Psicológico e Laudo Psicológico – ou podem ser escritos por equipe interdisciplinar – Relatório Multiprofissional e Laudo Multiprofissional. Cada documento técnico tem um objetivo e é elaborado de acordo com este. Nas próximas linhas, serão apresentados os objetivos de cada documento para que se possa compreender qual o documento que deve ser escrito em cada situação.

DECLARAÇÃO

De acordo com a Resolução 06/2019, a Declaração é um documento bem objetivo e sucinto, que tem por objetivo transmitir ao solicitante informações sobre um serviço prestado ou em realização. A Declaração é informativa, não pode conter diagnóstico, sintomas, situações ou estados psicológicos. É um documento escrito para informar sobre: comparecimento da pessoa atendida e seu(sua) acompanhante; acompanhamento psicológico realizado ou em realização; informações sobre tempo de acompanhamento, dias e horários.

ATESTADO

O Atestado psicológico é resultado de uma avaliação psicológica, é um documento que certifica, com fundamento em um diagnóstico, uma determinada situação, estado ou funcionamento psicológico, com a finalidade de afirmar as condições psicológicas de uma pessoa.

O atestado comunica o diagnóstico de condições mentais, tanto para dizer se uma pessoa está capacitada ou não para uma função ou atividade, como para justificar faltas ou impedimentos.

2 | Laudo Psicológico e Outros Documentos Técnicos

Diferente da declaração, o atestado psicológico resulta de uma avaliação psicológica. É responsabilidade da(o) psicóloga(o) atestar somente o que foi verificado no processo de avaliação e que esteja dentro do âmbito de sua competência profissional.

RELATÓRIO PSICOLÓGICO E RELATÓRIO MULTIPROFISSIONAL

O relatório psicológico é um documento que tem por objetivo comunicar a atuação profissional da(o) psicóloga(o) em um processo de trabalho desenvolvido ou em desenvolvimento. O Relatório comunica uma intervenção psicológica. A intervenção é uma prática com fins de resolução do que foi apresentado na demanda, as técnicas utilizadas são técnicas de intervenção, tratamento, cuidado, diferentes das técnicas de avaliação, que são investigativas. Como exemplo de intervenções temos: psicoterapia, atividades psicoeducativas, grupos de reflexão, grupos operativos etc. Além da comunicação da intervenção realizada e seus resultados, a(o) psicóloga(o) pode incluir no relatório: orientações, recomendações e encaminhamentos.

Por que é realizado um Relatório? Qual a finalidade do Relatório? Um relatório é elaborado a partir de uma solicitação de um profissional, da justiça, da escola, de outra instituição interessada ou do próprio usuário dos nossos serviços e tem como finalidade orientar, encaminhar ou informar o próprio usuário, profissionais ou pais sobre o andamento ou resultados de uma intervenção psicológica ou interdisciplinar.

Define-se Relatório Psicológico como um instrumento de comunicação escrita resultante da prestação de serviço psicológico à pessoa, grupo ou instituição. O Relatório não comunica diagnóstico, o documento que comunica diagnóstico é Laudo ou Atestado (CFP, 2019).

Outra modalidade de comunicação de resultados de prestação de serviços é o Relatório Multiprofissional. Esse documento é resultante da atuação da(o) psicóloga(o) em contexto multiprofissional, em um trabalho interdisciplinar, dessa forma, tem a finalidade de comunicar o trabalho realizado pela equipe profissional em que a(o) profissional de Psicologia está incluído. Por exemplo: Se você é um psicólogo hospitalar e faz um trabalho de Grupo de Sala de Espera com uma equipe interdisciplinar (médicos, enfermeiros, fisioterapeutas, nutricionistas, fonoaudiólogos), ao redigir o relatório do trabalho realizado ou em realização, a equipe redige um único documento com a finalidade de prestar informação, registro, orientação ou encaminhamento do grupo para o solicitante, que pode ser a direção do hospital, a justiça, outro profissional ou o próprio usuário do serviço.

LAUDO PSICOLÓGICO E O LAUDO MULTIPROFISSIONAL

O **laudo psicológico** é sempre resultado de um processo de avaliação psicológica. Não há como redigir um laudo, sem antes ter realizado o processo de avaliação psicológica. O laudo é um documento complexo, que tem um objetivo claro para o autor do documento, para que este possa dirigir suas investigações para esse fim. A finalidade do laudo é subsidiar decisões de outros profissionais relacionadas ao contexto em que surgiu a demanda. O laudo é solicitado, quando um outro profissional precisa do conhecimento psicológico a respeito de uma pessoa ou um grupo de pessoas para tomada de decisões e procedimentos. Por exemplo, uma orientadora pedagógica de uma escola pode solicitar um laudo psicológico de um aluno que está tendo dificuldades de aprendizado na escola para decidir como conduzir o trabalho escolar com esse aluno.

O laudo apresenta informações técnicas e científicas dos fenômenos psicológicos, que expliquem o que foi solicitado. Ao apresentar os resultados da avaliação através do laudo psicológico, devemos considerar os condicionantes culturais, históricos e sociais da pessoa, do grupo ou da instituição atendida. Esse é um fator relevante que está na Resolução 06/2019. Os valores e influências sociais devem ser considerados ao emitir o resultado de uma avaliação, pois comportamentos que são considerados associais em um determinado grupo, são, naturalmente, sociais em outro grupo. Sendo assim, fatores como localidade de moradia, religião, cultura e outros devem ser analisados, juntamente com os resultados das técnicas utilizadas.

Deve ser construído com base no registro documental elaborado pela(o) psicóloga(o) ao longo do atendimento psicológico e na interpretação e análise dos dados obtidos por meio de métodos, técnicas e procedimentos utilizados na prática profissional.

O **laudo multiprofissional** é um documento único escrito pela(o) psicóloga(o) junto a equipe multiprofissional tendo a mesma finalidade do laudo psicológico, o que vai diferenciar é que o laudo psicológico é escrito e assinado pela(o) psicóloga(o) e o laudo multiprofissional é escrito e assinado por toda equipe que participou da avaliação da pessoa ou do grupo de pessoas.

PARECER

O parecer psicológico, por muitas vezes, é confundido com o laudo psicológico ou atestado psicológico, porém o **Parecer não é resultado de avaliação psicológica.** O Parecer é um pronunciamento por escrito, que tem como finalidade apresentar uma análise técnica, respondendo a uma questão-problema do campo psicológico ou a documentos psicológicos questionados. Então, se um profissional de outra área tem uma questão-problema no campo da Psicologia, ele pode solicitar um Parecer para esclarecimento e orientação. Por exemplo, um advogado quer saber se um determinado comportamento é comum na adolescência, então ele pede um parecer ao psicólogo. É uma resposta a uma situação problema, uma questão do campo da Psicologia, que o parecerista vai responder fundamentado na literatura científica da Psicologia e nas práticas *psis*.

Outra situação em que é solicitado um Parecer é quando um documento elaborado por psicóloga(o) é questionado, então o Parecer é solicitado para que o documento (laudo, relatório, prontuário ou atestado) seja analisado. Sendo assim, o Parecer visa a dirimir dúvidas da questão-problema ou de documento psicológico que estão interferindo na decisão do solicitante, sendo, portanto, uma resposta a uma consulta.

Exercitando

1- A empresa X solicitou ao psicólogo, que atendia um de seus funcionários, que emitisse um atestado dizendo quais os dias e horários que o paciente estava sendo atendido. O psicólogo emite um atestado informando os dias e horários de atendimento. Considerando os objetivos dos documentos técnicos, analise se o documento emitido está correto.

(Obs.: nesse exercício, você deve considerar a finalidade de cada documento para analisar se realmente é um atestado que será emitido, ok?)

CAPÍTULO 2
Princípios Técnicos, Princípios Éticos e a Linguagem da Redação

Os documentos psicológicos devem ser elaborados conforme os princípios de qualidade técnica e científica presentes na resolução CFP 06/2019 (CFP, 2019) e princípios éticos previstos no Código de Ética do Psicólogo (CFP, 2005). O texto precisa ter linguagem formal, obedecendo às normas cultas da redação. Sendo assim, precisamos seguir as normas gramaticais da língua portuguesa, as normas da ABNT para normatizar o texto, bem como seguir os preceitos éticos e técnicos para o exercício da profissão de psicóloga(o).

PRINCÍPIOS TÉCNICOS

Considerando que os documentos técnicos são documentos científicos, todo o texto deve ter citações e referências bibliográficas, que validam a construção do pensamento psicológico fundamentado na ciência. Então, a(o) psicóloga(o), que se utiliza de um determinado referencial teórico para explicar os fenômenos psicológicos que apresenta no documento, precisa fazer as citações ao longo do seu relato e listar as referências bibliográficas.

Um ponto fundamental para definir o que, tecnicamente, vai ser escrito no documento é a finalidade do mesmo, pois ao fazer uma avaliação ou intervenção psicológica, a(o) psicóloga(o) percebe aspectos neuropsicológicos, da personalidade, do estado emocional, da cognição e do relacionamento interpessoal do examinando, que não estão relacionados com o que está sendo avaliado ou tratado, então, neste caso, ao redigir o documento, deve informar apenas o que foi solicitado para que seja atendida a finalidade a que se destina. Por exemplo, ao aplicar um teste projetivo em uma pessoa, são projetados diversos aspectos da personalidade, porém só irá compor o laudo psicológico os aspectos relacionados ao que foi solicitado, mantendo em sigilo profissional os demais fatores identificados.

A Resolução CFP 06/2019 normatiza que ao redigir um documento escrito, deve-se considerar a natureza dinâmica, não definitiva e não cristalizada do fenômeno psicológico, visto que o ser humano está em constante transformação, sendo assim, o documento deve ter prazo de validade e ser ressaltado no mesmo que aquela pessoa (ou grupo de pessoas) se encontra da forma descrita no documento naquele momento histórico de sua vida, naquele contexto social em que se encontra.

Ao produzir documentos escritos, a(o) psicóloga(o) deve estar atento ao que dispõe o artigo 1º do Código de Ética Profissional do Psicólogo, ou seja, prestar "serviços psicológicos de qualidade, em condições de trabalho dignas e apropriadas à natureza desses serviços, utilizando princípios, conhecimentos e técnicas reconhecidamente fundamentados na ciência psicológica, na ética e na legislação profissional" (CFP, 2005).

Na realização da Avaliação Psicológica, ao produzir documentos escritos, a(o) psicóloga(o) deve basear-se no que dispõe o artigo 2º da Resolução CFP 09/2018 (CFP, 2018),

> Na realização da Avaliação Psicológica, a psicóloga e o psicólogo devem basear sua decisão, obrigatoriamente, em métodos e/ou técnicas e/ou instrumentos psicológicos reconhecidos cientificamente para uso na prática profissional da psicóloga e do psicólogo (fontes fundamentais de informação), podendo, a depender do contexto, recorrer a procedimentos e recursos auxiliares (fontes complementares de informação).

As fontes fundamentais de informação são: técnicas e testes psicológicos, entrevistas, registros de observação de comportamento. As fontes complementares de informação são: técnicas e instrumentos científicos que não são de uso exclusivo do psicólogo e documentos técnicos produzidos por outros profissionais.

Na redação de documentos técnicos, a(o) psicóloga(o) deve resguardar os cuidados com o sigilo profissional, conforme previsto nos artigos 9º e 10º do Código de Ética Profissional do Psicólogo (CFP, 2005).

> Art. 9º – É dever do psicólogo respeitar o sigilo profissional a fim de proteger, por meio da confidencialidade, a intimidade das pessoas, grupos ou organizações, a que tenha acesso no exercício profissional.
>
> Art. 10 – Nas situações em que se configure conflito entre as exigências decorrentes do disposto no Art. 9º e as afirmações dos princípios fundamentais deste Código, excetuando-se os casos previstos em lei, o psicólogo poderá decidir pela quebra de sigilo, baseando sua decisão na busca do menor prejuízo.

CAPÍTULO 2 – Princípios Técnicos, Princípios Éticos e a Linguagem da Redação | 7

Parágrafo único – Em caso de quebra do sigilo previsto no caput deste artigo, o psicólogo deverá restringir-se a prestar as informações estritamente necessárias.

Ao elaborar um documento em que seja necessário referenciar material teórico-técnico, as referências devem ser colocadas, preferencialmente, em nota de rodapé, observando a especificidade do documento produzido, mas podem ser listadas ao final do documento, seguindo as normas de referências da ABNT (Associação Brasileira de Normas Técnicas).

Toda e qualquer modalidade de documento deve ter todas as laudas numeradas, rubricadas da primeira até a penúltima lauda, e a assinatura da(o) psicóloga(o) na última página. Ao entregar o documento ao solicitante, a(o) psicóloga(o) deve solicitar que o mesmo coloque a data e assine o recebimento do documento na cópia. Essa cópia será arquivada junto aos registros documentais do atendimento realizado.

PRINCÍPIOS ÉTICOS

Na elaboração de documentos técnicos escritos, a(o) psicóloga(o) precisa basear o seu texto na observância do Código de Ética Profissional do Psicólogo (CFP, 2005), além de outros dispositivos de Resoluções específicas para a área a qual estiver elaborando o documento.

Devem ser observados os deveres da(o) psicóloga(o) no que diz respeito ao sigilo profissional em relação às equipes interdisciplinares, às relações com a justiça e com as políticas públicas e o alcance das informações na garantia dos direitos humanos, identificando riscos e compromissos do alcance social do documento elaborado. Há alguns conflitos entre o que é preconizado pelo Conselho Federal de Psicologia e regulamentos internos de outras instituições, como, por exemplo, o CNJ (Conselho Nacional de Justiça), nestes casos, a(o) psicóloga(o) deve buscar a COF (Comissão de Orientação e Fiscalização) na sede regional do Conselho de Psicologia para que se oriente em relação à forma como deve proceder.

No caso de uma avaliação ou intervenção, em que seja identificado fatores que provocam sofrimento psíquico, violação dos direitos humanos ou prática de preconceito, discriminação, violência e exploração como forma de dominação e segregação, a(o) psicóloga(o), mesmo que tenha sido contratado para avaliação, deve intervir, tecnicamente, sobre a demanda e construir um projeto de trabalho para reformulação dos condicionantes que provocam tais situações de sofrimento ou violação de direitos humanos.

8 | Laudo Psicológico e Outros Documentos Técnicos

É dever da(o) psicóloga(o) elaborar e fornecer documentos psicológicos sempre que solicitada(o) ou quando finalizado um processo de avaliação psicológica.

A LINGUAGEM TÉCNICA DA REDAÇÃO

A(o) psicóloga(o), ao redigir o documento psicológico, deve expressar-se de maneira precisa, expondo o raciocínio psicológico resultante da sua atuação profissional. O texto tem que ser composto de frases objetivas, mantendo o foco na demanda – no que foi solicitado pelo requerente – e na finalidade do documento. Uma comunicação precisa, direta, sucinta e sem delongas.

É relevante que o texto como um todo apresente coerência e coesão textual, que expresse a ordenação de ideias, ou seja, os parágrafos precisam apresentar conexão. O parágrafo seguinte precisa dar continuidade ao anterior. Os itens que compõem o documento precisam manter a interdependência entre eles, propiciando um texto integrado e harmônico.

O documento deve ser construído com frases e parágrafos que resultem de uma articulação de ideias, caracterizando uma sequência lógica de posicionamentos que representem o nexo causal resultante do raciocínio da(o) psicóloga(o), ou seja, deve ficar clara a relação de causa e efeito entre a conduta (ou estado emocional) do examinando e o que causou tal conduta (ou estado emocional). O vínculo que une a causa ao efeito precisa estar fundamentado na literatura de Psicologia, ou seja, fundamentado na(s) teoria(s) e sistemas da Psicologia.

Os documentos psicológicos devem ser escritos de forma impessoal, na terceira pessoa. Por exemplo: nos resultados de uma avaliação psicológica, o psicólogo identificou que a tristeza apresentada pelo paciente tem relação com a vivência de sentimentos de abandono na mais tenra infância, relacionado com a necessidade do afastamento materno. No Laudo, ao relatar a relação causal da tristeza, deve-se escrever: *Denota estado interior de tristeza frente a sentimentos de abandono relacionados com a figura materna desde a mais tenra infância.*

A linguagem escrita deve basear-se nas normas cultas da língua portuguesa, gírias ou termos chulos não podem ser utilizados. Os termos técnicos da Psicologia não são bem vindos, pois o documento precisa ser entendido pelo solicitante que, normalmente, não é um profissional da área de Psicologia. Caso seja necessária a utilização de um termo técnico, devemos explicá-lo no próprio texto ou em nota de rodapé.

Os documentos psicológicos não podem apresentar descrições literais dos atendimentos realizados, ou seja, não pode ser escrito o que a pessoa falou nas sessões, encontros ou consultas, salvo quando tais descrições se justifiquem tecnicamente, por não ter outra forma de expressar tal conteúdo.

A(O) psicóloga(o) precisa manter a neutralidade e a impessoalidade ao redigir os documentos, ou seja, opiniões pessoais ou conclusões sem fundamentação teórica não podem ser incluídas no documento.

Agora vamos ao Exercitando para compreender o que você leu até o momento em situações práticas de nossa profissão? Nesse primeiro exercício, eu gravei um vídeo (QR Code) explicativo para você verificar se está no caminho!

Boas práticas!

Exercitando

1- Uma psicóloga hospitalar, informou a equipe de saúde, através de registro em prontuário, que o paciente José se encontrava em estado depressivo, porque sua mulher o tinha abandonado, que ele era muito dependente dela e que ela acreditava que todo o problema clínico que ele estava apresentando era decorrente da depressão por esse abandono vivido. Analise a atitude da psicóloga.

2- Um psicólogo organizacional que atuava em saúde do trabalhador em uma empresa, atendia grupos de funcionários em equipe interdisciplinar. No relatório multidisciplinar de registro de atendimentos, o psicólogo registra literalmente as falas dos usuários e inclui dados além do necessário para a compreensão e favorecimento da atenção integral à saúde dos usuários. Analise a atitude do psicólogo.

3- Ao receber da perita judicial o laudo psicológico de Joana, um juiz considera que a mulher que está em processo de divórcio deve ficar com bens e pensão solicitada, visto que a psicóloga registra na conclusão do seu laudo que "Joana é uma mulher guerreira e muito sofredora. É vítima de violência doméstica e o companheiro é um abusador, sem escrúpulos e sem empatia". Analise a situação a partir da linguagem utilizada.

CAPÍTULO 3
Declaração e Atestado Psicológico

Embora sejam descritas no mesmo capítulo, por uma questão formal, há significativa diferença entre Declaração e Atestado. Enquanto a Declaração tem por objetivo comunicar algo mais burocrático em relação ao atendimento realizado para uma pessoa ou grupo de pessoas, o Atestado tem por objetivo comunicar estado emocional, diagnóstico e/ou procedimentos frente ao diagnóstico. Por esse motivo, embora apresentados em um mesmo capítulo, Declaração e Atestado, serão tratados separadamente nas linhas a seguir.

DECLARAÇÃO

Declaração é um documento redigido com a finalidade de transmitir ao requerente informações sobre a prestação de um serviço realizado ou em realização. A(O) psicóloga(o) redige uma Declaração para: 1) informar ao requerente sobre o comparecimento da pessoa atendida e/ou de seu(sua) acompanhante; 2) informar sobre o acompanhamento psicológico realizado ou em realização; 3) informar sobre o tempo de acompanhamento, dias e horários de uma pessoa ou grupo de pessoas que está em processo de avaliação ou intervenção psicológica. Então, por exemplo, se uma empresa necessita do comprovante de comparecimento de um funcionário que está em atendimento psicológico, com fins de abono de atraso ao trabalho, o documento a ser elaborado é a Declaração.

Nota-se que, a Declaração é um documento informativo de questões formais, burocráticas e administrativas, por isso não registramos nesse documento qualquer conteúdo do atendimento psicológico, tais como: sintomas, diagnósticos, situações ou estados psicológicos. Considera-se falta ética incluir qualquer informação sobre o estado emocional ou mental da pessoa que está em avaliação ou tratamento em uma Declaração.

ESTRUTURA DA DECLARAÇÃO

De acordo com a Resolução 06/2019 sobre redação de documentos escritos (CFP, 2019), a Declaração tem que seguir normas estruturais, devendo apresentar as informações detalhadas abaixo. A(O) profissional pode escolher a formatação do texto, se em forma de itens ou texto corrido:

1 – Título: "Declaração"

2 – Texto: (Sugiro texto corrido com os itens abaixo)

a) Nome da pessoa atendida: identificação do nome completo ou nome social completo;

b) Finalidade: descrição da razão ou motivo do documento;

c) Informações sobre local, dias, horários e duração do acompanhamento psicológico.

3 – Indicação do local, data de emissão e carimbo, em que conste nome completo ou nome social completo da(o) psicóloga(o), acrescido de sua inscrição profissional e assinatura.

COMO REDIGIR UMA DECLARAÇÃO NA PRÁTICA

Para melhor clarificar como redigir uma declaração na prática, disponibilizo a seguir do modelo que utilizado na Climag – Centro de Educação e Saúde, com devida autorização para divulgação nesse manuscrito, bem como um caso clínico em que foi emitida a declaração por solicitação do beneficiário do serviço prestado.

Lembro que essa é uma forma de redigir, cada profissional tem sua forma própria de redação, o modelo abaixo tem o objetivo de apresentar a organização formal do documento e uma forma de redação.

CAPÍTULO 3 – Declaração e Atestado Psicológico | 13

DECLARAÇÃO

Declaro, para fins de comprovação (descrever a finalidade da declaração), que (identificação do usuário do serviço prestado) vem sendo submetido a tratamento psicológico sob minha responsabilidade (ou comparece como acompanhante de ...) de (data de início) até a presente data, as (dia da semana) das xxh às xxh.

Rio de Janeiro, xx de xxxxx de 20xx

Nome completo do profissional
Nº de inscrição no CRP
Carimbo

Figura 1 – Modelo de Declaração de Comparecimento.

A seguir, temos um modelo de Declaração de Comparecimento (Figura 2), emitida a pedido de um paciente que já vinha em processo de psicoterapia há, aproximadamente, um ano. O documento foi solicitado pelo seu novo gerente para formalizar junto a empresa o motivo de o funcionário estar sendo dispensado do trabalho antes do horário de saída sem prejuízos financeiros.

DECLARAÇÃO

Declaro, para fins de comprovação de comparecimento junto a empresa XX, que o Sr. João Silva, RG 000.342 -16, CPF 009.002.001-00 vem sendo submetido a tratamento psicológico sob minha responsabilidade desde 30 de março de 2021 até a presente data, com uma sessão semanal, as terças-feiras das 14h00 às 14h40.

Rio de Janeiro, 25 de fevereiro de 2022

Maria Angélica Oliveira Gabriel
CRP05/10305
Carimbo

Rua Manuela Barbosa, 28 sl. 202 Méier
Rio de Janeiro/RJ - CEP: 20735-110
Telefone: 2593-7830
climag.wordpress.com

Figura 2 – Declaração de Comparecimento (Climag, 2021)

ATESTADO PSICOLÓGICO

O atestado psicológico é um documento técnico que certifica, com fundamento no diagnóstico psicológico, uma determinada situação, estado ou funcionamento psicológico. O Atestado, como o Laudo, é resultado de uma avaliação psicológica.

Suas principais finalidades são: 1- justificar faltas ou impedimentos, 2- solicitar afastamento e/ou dispensa, subsidiada na afirmação atestada do fato, ou ainda, 3- certificar se uma pessoa está apta ou não para atividades específicas (manusear arma de fogo, dirigir veículo motorizado no trânsito, assumir cargo público ou privado, entre outros).

Uma questão relevante é o que deve ser registrado e o que não deve ser registrado em um Atestado. Sendo o Atestado decorrente de uma avaliação psicológica para um determinado fim, então, cabe à(ao) psicóloga(o) atestar somente o que foi verificado no processo de avaliação, que responda à solicitação e que esteja dentro do âmbito de sua competência.

Ou seja, devem estar no documento somente dados que temos capacidade de atestar.

Para exemplificar a delimitação da área de atuação da Psicologia, cito o caso de um psicólogo especialista em Neuropsicologia que, em uma avaliação, não pode diagnosticar lesões em áreas específicas do cérebro, porém pode identificar e registrar disfunções cognitivas e comportamentais compatíveis com comprometimentos em determinadas áreas do cérebro, ou seja, a avaliação neurológica deve ser realizada por neurologista, sendo competência da(o) psicóloga(o) fazer afirmações referentes as alterações de personalidade, cognitivas e comportamentais identificadas em sua avaliação.

O Atestado é um documento conclusivo, ou seja, precisa conter o estado emocional e/ou o diagnóstico psicológico, se a pessoa está apta ou não para atividades laborais, exercício de uma determinada atividade etc.

Vejamos duas situações em que o documento a ser emitido é o Atestado Psicológico.

1- Se foi solicitado por uma empresa/instituição, um documento que avalie uma pessoa que vem apresentando alteração de comportamento e relacionamento, colocando em risco sua vida e/ou a de terceiros, é necessário que seja produzido um Atestado Psicológico.

Observação: Os atestados, além de informar o diagnóstico psicológico, podem também determinar a necessidade de afastamento das atividades exercidas pela pessoa. Nos casos em que a(o) psicóloga(o) perceba a necessidade de afastamento laboral por um período superior a quinze dias, a pessoa deve ser encaminhada para o INSS para afastamento legal.

2- Quando uma pessoa está necessitando de avaliação psicológica de aptidão de uma atividade específica para comprovação junto ao órgão responsável pela emissão da autorização, como, por exemplo, CNH, ANAC, PF (manuseio de arma de fogo). Tomemos como exemplo um civil, que necessita manusear uma arma de fogo, pela sua profissão de vigilante. Há características específicas de personalidade, de acordo com a Polícia Federal, que precisam ser avaliadas para que manuseie uma arma de fogo (DPF – NORMATIVA 78/2014) sem representar riscos para o próprio ou para terceiros. Os resultados desse processo avaliativo dão subsídios para a conclusão apresentada no Atestado Psicológico: apto ou inapto.

Como vimos, o atestado é decorrente de uma avaliação psicológica, logo todo o material utilizado para avaliação (relatório e análise da entrevista, testes aplicados, laudo psicológico e atestado) deve ser arquivado durante cinco anos, podendo sofrer fiscalização do Conselho de Psicologia ou instituição a que se destinou, a qualquer momento.

A informação emitida no atestado deve possuir justificativa verificada tecnicamente e, em se tratando de afirmação sobre aptidão para atividades específicas ou afastamento, ou impossibilidade laboral, deve se respaldar em processo de avaliação psicológica no rigor da Resolução CFP 09/2018 e da Resolução CFP 06/2019.

O Atestado deve ser requerido formalmente, o requerente deve solicitar por escrito ou por e-mail. A(O) psicóloga(o) deve registrar essa informação no prontuário psicológico e anexar o pedido aos registros documentais. Ao redigir o documento deve-se restringir às informações solicitadas, incluindo o uso de classificações diagnósticas – Classificação Internacional de Doenças e Problemas Relacionados à Saúde (CID) – caso considere pertinente.

É importante ressaltar que, o Conselho Regional de Psicologia, o Requerente e/ou a Justiça podem solicitar a apresentação da fundamentação técnico-científica que embasou a emissão do atestado. Sendo assim, a emissão de atestado deve estar fundamentada no registro documental da avaliação psicológica realizada, conforme dispõe a Resolução CFP 01/2009 ou aquela(s) que venham a alterá-la ou substituí-la, devendo o registro ser arquivado por pelo menos cinco anos, pois os Conselhos Regionais podem, no prazo de até cinco anos, solicitar à(ao) psicóloga(o) a apresentação da fundamentação técnico-científica do atestado.

A ESTRUTURA DO ATESTADO

O atestado é um documento sucinto que deve se restringir a propiciar a informação solicitada, devendo ser registrado em texto corrido, separado apenas pela pontuação, sem parágrafos, evitando, com isso, riscos de adulteração. No

CAPÍTULO 3 – Declaração e Atestado Psicológico | 17

caso em que seja necessária a utilização de parágrafos, a(o) psicóloga(o) deverá preencher esses espaços com traços.

Deve-se seguir rigorosamente o disposto na Resolução CFP 06/2019, ou seja, são obrigatórios os seguintes itens na estrutura do Atestado:

1- Título: "Atestado Psicológico";

2- Nome da pessoa ou instituição atendida: identificação do nome completo ou nome social completo e, quando necessário, outras informações sociodemográficas;

3- Nome da(o) solicitante: identificação de quem solicitou o documento, especificando se a solicitação foi realizada pelo Poder Judiciário, por empresas, instituições públicas ou privadas, pela(o) própria(o) usuária(o) do processo de trabalho prestado ou por outras(os) interessadas(os);

4- Finalidade: descrição da razão ou motivo do pedido;

5- Descrição das condições psicológicas do beneficiário do serviço psicológico advindas do raciocínio psicológico ou processo de avaliação psicológica realizado, respondendo à finalidade deste. Quando solicitado, fica facultado à(ao) psicóloga(o) o uso da Classificação Internacional de Doenças e Problemas Relacionados à Saúde (CID) ou outras Classificações de Diagnóstico, científica e socialmente reconhecidas, como fonte para enquadramento de diagnóstico;

6- Ao final do texto do documento, incluir a Cidade de emissão do documento, a data de emissão, o carimbo, em que conste nome completo ou nome social completo da(do) psicóloga(o), acrescido de sua inscrição profissional, com todas as laudas numeradas, rubricadas da primeira até a penúltima lauda, e a assinatura da(o) psicóloga(o) na última página.

Embora não seja obrigatório, ao final do atestado psicológico, podemos inserir uma observação informando que o atestado não poderá ser utilizado para fins diferentes do apontado no documento, que possui caráter sigiloso e que se trata de documento extrajudicial. Cabe ressaltar que em processos legais e da justiça do trabalho, a descrição no documento do número do CID que caracteriza o diagnóstico do paciente é imprescindível.

A(o) psicóloga(o) deve manter em seus arquivos uma cópia dos atestados psicológicos emitidos, junto a todo o material do processo avaliativo (registros documentais e/ou prontuário). O Atestado deve ser protocolado com data, local e assinatura de quem recebeu o documento, e arquivado, para fins de comprovação e fiscalização.

COMO REDIGIR UM ATESTADO

O atestado deve ser redigido de forma simples e objetiva. O diagnóstico não é discutido, nem são apresentados procedimentos, análise de resultados, descrição da demanda etc. Nesse documento, o objetivo é informar o diagnóstico e comunicar o que precisa ou precisou ser feito. Simples, objetivo e direto. O laudo psicológico que deu origem ao atestado, deve ficar arquivado, junto com os documentos comprobatórios da avaliação realizada que deu origem ao diagnóstico e a indicação dispostos no atestado.

A seguir, apresento o modelo de um atestado que é utilizado na Climag (Figura 3).

Figura 3 – Modelo de Atestado (CLIMAG, 2021).[1]

---

[1] Modelo de Atestado elaborado pela professora Maria Angélica Gabriel e cedido pela Climag – Centro de Educação e Saúde para compor esse manuscrito com o intuito de compartilhar conhecimentos com os leitores.

UM CASO PRÁTICO DE EMISSÃO DE ATESTADO

Este é um caso, em que o paciente apresenta quadro clínico de angústia e ansiedade, necessitando de afastamento das atividades laborais. Após a avaliação psicológica, constatou-se que o mesmo não tinha condições de exercer atividades relacionadas com atenção concentrada e tomada de decisões rápidas. Devido ao cargo que ocupava, o deficit nessas áreas colocava em risco a sua vida e a de terceiros, sendo assim, foi solicitado o afastamento para tratamento (Figura 4). O material de avaliação psicológica que deu origem ao atestado ficou arquivado em duas cópias, uma cópia nos arquivos de Psicologia da clínica em que foi realizada a avaliação e uma cópia com a psicóloga responsável pela avaliação.

Os atestados devem ser elaborados em duas vias, uma original que é entregue para o solicitante, em uma entrevista de devolução, e uma cópia que será protocolada e arquivada junto ao prontuário do paciente em arquivo, onde foi realizada a avaliação psicológica.

Figura 4 – Atestado de afastamento de atividades laborais (Climag, 2022).

Exercitando

1- Um paciente com diagnóstico de Síndrome do Pânico, em tratamento com um psicólogo clínico, precisa justificar um atraso ao trabalho em um dia que não conseguiu sair de casa no horário. O psicólogo fica em dúvida de que documento deve emitir e o que deve constar nesse documento. Qual documento emitir: declaração ou atestado? O que deve constar no documento?

2- Um paciente que já vem sendo atendido pelo psicólogo há dois meses, pede uma declaração para poder ter liberação no horário de trabalho para ir à terapia. O horário de atendimento do paciente é às 15 horas. O paciente pede ao psicólogo para colocar na declaração que seu atendimento é às 14 horas para evitar atraso, visto que a chefe só libera em cima da hora. Considerando os preceitos éticos, o que deve fazer o psicólogo?

CAPÍTULO 4
Relatório Psicológico e Multiprofissional

O Relatório é um documento que contém detalhadamente os aspectos mais importantes de uma intervenção psicológica. Tem por finalidade apresentar os procedimentos e as conclusões de um serviço prestado pelo profissional técnico responsável.

Na Resolução CFP 06/2019, temos duas modalidades de relatório: relatório psicológico e relatório multiprofissional. Ambos têm a mesma estrutura, mas diferem em conteúdo, ou seja, enquanto o primeiro tem conteúdo exclusivo dos serviços prestados de Psicologia, o segundo tem conteúdo de diferentes profissionais, que participaram do atendimento, configurando um trabalho multiprofissional ou interdisciplinar. Iniciaremos nossos estudos pelo Relatório Psicológico.

O Relatório Psicológico:

> Visa a comunicar a atuação profissional da(o) psicóloga(o) em diferentes processos de trabalho já desenvolvidos ou em desenvolvimento, podendo gerar orientações, recomendações, encaminhamentos e intervenções pertinentes à situação descrita no documento, **não tendo como finalidade produzir diagnóstico psicológico** (RESOLUÇÃO CFP 06/2019, Art. 11).

O Relatório Psicológico é um texto narrativo, que de forma didática e detalhada, o profissional responsável por sua elaboração descreve o serviço prestado e sua análise dos resultados obtidos de forma precisa e harmônica.

Para elaborar o Relatório Psicológico a(o) psicóloga(o) deve ter como base o registro documental dos atendimentos realizados (Prontuários e/ou Relatórios de Atendimento). Os registros que dão origem ao relatório devem estar mantidos em arquivo, em conformidade com as Resoluções CFP 01/2009 e CFP 05/2010, ou outras que venham a alterá-las ou substituí-las. Os registros abrangem todas as informações referentes aos serviços psicológicos ou, em equipes multiprofissionais, também a outros atendimentos, procedimentos, providências e decisões tomadas.

Ao redigir um relatório, temos que ter o cuidado de não fazer descrição literal das sessões, acolhimento ou atendimento realizado, pois dessa forma, estaríamos infringindo o Código de Ética do Profissional Psicólogo (CFP, 2005), no que diz respeito ao sigilo profissional. Em algumas situações, para maior esclarecimento técnico, precisamos fazer o relato de um fragmento do atendimento, mas precisamos estar atentos para que o conteúdo relatado não comprometa o sigilo profissional.

O Relatório Psicológico é elaborado para finalidades diversas, dependendo do contexto e do objetivo da solicitação. Pode ser redigido com a finalidade de encaminhamento, de orientação ou de acolhimento em outros serviços, como também pode ter a finalidade de subsidiar atividades de outros profissionais, tais como: decisões judiciais, ampliação do número de sessões ou continuidade de atendimento psicológico, reembolso a planos de saúde e outras finalidades que precise apresentar evolução da pessoa ou grupo de pessoas, a partir da intervenção profissional. No item finalidade a(o) psicóloga(o) deverá apontar o contexto e/ou solicitação que originou o documento.

Para compreender como construir o texto do Relatório, temos que ter em mente que esse documento é elaborado a partir da demanda e/ou da solicitação e a redação do documento é baseada no registro documental.

A construção do Relatório deve tomar os registros realizados pela(o) psicóloga(o) durante o processo de intervenção psicológica (registros documentais/prontuários) como base, os quais devem ter descrito o trabalho desenvolvido, a partir da demanda e da finalidade da solicitação. Para redação do documento, a(o) profissional tem que compreender de forma clara o que foi solicitado, pois, nem tudo que está nos registros documentais irá compor o relatório. Fará parte do relatório apenas o que foi solicitado na demanda do solicitante.

O relatório tem sua estrutura muito similar a estrutura ao laudo psicológico, ambos devem explicitar a demanda, os procedimentos e o raciocínio técnico-científico da(o) profissional, bem como conclusões e/ou recomendações do autor do documento. Por esse motivo, na resolução anterior sobre Elaboração de Documentos Técnicos, CFP 07/2003, foi incluído no mesmo artigo Relatório e Laudo Psicológico, mas o conteúdo do Relatório e do Laudo são muito diferentes, como vimos no primeiro capítulo desse manual. Considerando a diferença de objetivos, na resolução atual, cada um desses documentos está descrito em um artigo único (CFP, 2019).

ESTRUTURA DO RELATÓRIO PSICOLÓGICO

O relatório deve apresentar a estrutura detalhada abaixo, em forma de itens ou texto corrido. O relatório psicológico é composto de cinco itens: a) Identificação; b) Descrição da demanda; c) Procedimento; d) Análise; e) Conclusão e Referências Bibliográficas.

A) Identificação

De acordo com a Resolução CFP 06/2019, nesse item, deve constar:

1 - Título: "Relatório Psicológico";

2 - Nome da pessoa ou instituição atendida: identificação do nome completo ou nome social completo e, quando necessário, outras informações sociodemográficas;

3 - Nome da(o) solicitante: identificação de quem solicitou o documento, especificando se a solicitação foi realizada pelo Poder Judiciário, por empresas, instituições públicas ou privadas, pela(o) própria(o) usuária(o) do processo de trabalho prestado ou por outras(os) interessadas(os);

4 - Finalidade: descrição da razão ou motivo do pedido;

5 - Nome da(o) autora(or): identificação do nome completo ou nome social completo da(o) psicóloga(o) responsável pela construção do documento, com a respectiva inscrição no Conselho Regional de Psicologia.

Obs.: No caso de o Relatório ser elaborado por um profissional vinculado a uma instituição, o nome da instituição deve fazer parte da identificação, juntamente com o nome e CRP da(o) profissional.

B) Descrição da demanda

Neste item, a(o) autora(or) do documento deve descrever as informações que conduziram ao processo de trabalho prestado, indicando quem forneceu as informações e as demandas que levaram à solicitação do Relatório. A descrição da demanda é um item obrigatório no Relatório e deverá apresentar o raciocínio técnico-científico que justificará procedimentos utilizados, que é o próximo item do Relatório Psicológico.

Toda intervenção psicológica é decorrente de um encaminhamento profissional ou institucional, ou de uma avaliação psicológica. Sendo assim, nesse item deve ser descrito o que levou a pessoa (ou o grupo de pessoas) àquela intervenção realizada ou que está em realização. Se foi um encaminhamento, deve ser descrito quem encaminhou e o motivo do encaminhamento, se foi resultado de uma avaliação psicológica, o que na avaliação demandou a intervenção psicológica que está sendo realizada (ou foi realizada).

C) Procedimentos

Neste item, a(o) psicóloga(o) autora(or) do relatório deve apresentar os recursos técnico-científicos utilizados, especificando o referencial teórico metodológico que fundamentou suas análises, interpretações e conclusões.

Aqui devem ser incluídas as técnicas terapêuticas utilizadas para atender a demanda descrita no item anterior. Em casos de atendimento a grupos, família, criança, adulto, adolescente, o profissional vai se utilizar de técnicas de intervenção de acordo com o seu referencial teórico, e essas técnicas que devem ser descritas aqui com fundamentação teórica e citações dos textos que comprovem o rigor científico. As referências bibliográficas dos autores e teóricos citados, devem estar listadas na nota de rodapé ou ao final do documento.

A(O) psicóloga(o), autora(or) do relatório, deve citar as pessoas ouvidas no processo de trabalho desenvolvido e as informações objetivas obtidas, tendo o cuidado de não romper com o sigilo profissional. Não pode ser descrito o que a pessoa falou, mas a informação necessária para justificar os procedimentos utilizados no processo.

O número de encontros realizados para execução do serviço psicológico, o tempo de duração dos encontros e de todo o processo realizado devem ser informados.

D) Análise

Neste item deve constar a evolução do trabalho realizado. É um texto descritivo, narrativo e analítico, ou seja, a(o) psicóloga(o) vai descrever de forma narrativa o processo de intervenção e apresentar uma análise das técnicas utilizadas e resultados obtidos, baseando-se em um referencial teórico. Na análise, devem ter citações do referencial teórico utilizado pela(o) psicóloga(o) relacionando a análise apresentada com a demanda e procedimentos descritos acima. Aqui, se apresenta o processo de intervenção, propriamente dito, com o cuidado de não redigir uma descrição literal das sessões, atendimento ou acolhimento, salvo quando tal descrição se justificar tecnicamente.

As técnicas utilizadas são técnicas de intervenção da(o) psicóloga(o), referenciadas na literatura científica da Psicologia.

Para clarificação do que está descrito na Resolução e retratado aqui neste tópico do Relatório, segue um exemplo do que deve ser escrito em um Relatório, a partir do que foi solicitado e da intervenção realizada:

> Uma psicóloga realizou um processo terapêutico breve de base analítica com uma adolescente que apresentava medos excessivos e foi encaminhada pela escola, por não estar conseguindo participar de atividades

consideradas simples. Visto que é uma psicóloga especialista em Psico-terapia Breve (PB) e utiliza a leitura de Hector Fiorini (2003) e outros autores da PB para sustentar teórica e tecnicamente o seu trabalho, durante o processo, ela se utilizou de técnicas de intervenção como cla-rificação, assinalamento, confrontação e recapitulação (FIORINI, 2003). Essas técnicas estavam descritas no prontuário do caso e relacionadas a temáticas diferentes trabalhadas no processo e os resultados alcançados com a intervenção técnica também estavam descritos no prontuário com evolução semanal.

Foi solicitado um relatório psicológico da intervenção realizada pelo psiquiatra que acompanhava o caso com a finalidade de analisar o de-senvolvimento da paciente a partir do olhar da psicóloga para revisão da prescrição de antidepressivos.

Considerando que a finalidade do relatório é revisão de prescrição medicamentosa, deve ser escrito no Relatório Psicológico apenas as intervenções e evolução relacionadas ao processo depressivo que desen-cadeava insegurança e medo na adolescente, ou seja, somente deve ser relatado o que é necessário para responder à demanda, tal qual disposto no Código de Ética Profissional do Psicólogo. Os demais temas tratados no processo terapêutico não devem constar nesse relatório.

Todo o conteúdo escrito que constar no relatório tem que ser, obrigatoria-mente, de afirmações com identificação da fonte de informação ou com técnicas de intervenção com a devida sustentação teórica.

E) Conclusão
De acordo com a Resolução CFP 06/2019 (CFP, 2019, Art. 11)

Neste item, a(o) psicóloga(o) autora(or) do relatório deve descrever suas con-clusões, a partir do que foi relatado na análise, considerando a natureza dinâmica e não cristalizada do seu objeto de estudo.

Na conclusão, a(o) profissional irá apresentar de forma sintética e objetiva os resultados obtidos no processo e pode incluir um encaminhamento ou orientação, ou sugestão de continuidade do atendimento.

Deve-se ficar atento a responder à solicitação, ou seja, a finalidade do documento e a descrição da demanda, no sentido do porque esse documento está sendo emitido, resguardando o que foi trabalhado no processo e não é motivo de relato e análise, por não ter sido solicitado. A(O) autora(or) pode referir-se as ações pontuais, no caso de relatório de visita (por exemplo) ou a uma exposição mais analítica, dependendo do caso.

Lembro que nesse item, como nos demais, não cabem opiniões pessoais ou considerações críticas, a conclusão, tal como a Análise tem que ter respaldo na ciência Psicologia, ou seja, a Conclusão é decorrente da análise psicológica feita no item anterior que de forma mais objetiva responde à solicitação feita.

Encerrando o Relatório

Ao final do Relatório, deve ser incluída a Cidade e a data da emissão, a assinatura, o nome completo da(o) psicóloga(o), nome social, caso tenha, e carimbo com nome completo e inscrição profissional no Conselho de Psicologia. É importante relatar que todas as laudas do Relatório devem ser rubricadas, exceto a última que já tem a assinatura da(o) psicóloga(o).

Além dos itens obrigatórios, ao final, a(o) profissional pode incluir observações relevantes, tais como informar que o Relatório não poderá ser utilizado para fins diferentes do apontado no item de identificação, que possui caráter sigiloso, que se trata de documento extrajudicial e que a(o) autora(or) não se responsabiliza pelo uso dado ao relatório por parte da pessoa, grupo ou instituição, após a sua entrega em entrevista devolutiva.

Sugiro que no item Conclusão seja incluída a validade temporal das informações prestadas no documento, considerando a natureza dinâmica e não cristalizada dos usuários do serviço prestado. Dependendo do trabalho realizado, pode-se avaliar o prazo de validade do documento, visto que não há um prazo determinado em resoluções.

RELATÓRIO MULTIPROFISSIONAL

O Relatório da intervenção realizada, pode ser redigido em conjunto com outros profissionais, quando o atendimento for multiprofissional, porém precisa preservar o sigilo, a autonomia e a ética dos profissionais envolvidos (CFP, 2019. Art. 12).

> É possível a participação de psicóloga/os em documentos multiprofissionais desde que sejam preservados o sigilo e a autonomia profissional da/o psicóloga/o e que, ao avaliar o contexto e as relações de trabalho, compreenda-se que esta é a forma mais coerente de expressão dos seus resultados.

A Estrutura do Relatório Multiprofissional é idêntica à Estrutura do Relatório Psicológico, ou seja, é composta de cinco itens:

a) Identificação;

b) Descrição da demanda;

c) Procedimento;

d) Análise;

e) Conclusão.

As referências bibliográficas utilizadas no processo avaliativo e citadas no Laudo Psicológico devem ser listadas em nota de rodapé ou ao final do documento.

No item **Identificação**, o que vai modificar é o Título: "Relatório Multiprofissional" e no item Nome das(os) autoras(res) terá que conter o nome completo ou nome social completo das(os) profissionais responsáveis pela construção do documento, com indicação da categoria profissional e o respectivo registro em órgão de classe.

No item **Descrição da demanda**, a(o) psicóloga(o) e demais profissionais devem descrever as informações sobre o por qual motivo aquele trabalho foi realizado e porque foi realizado um trabalho multiprofissional, além de redigir quem prestou as informações e as demandas que levaram à solicitação do Relatório.

No item **Procedimentos**, devem ser apresentados todos os procedimentos realizados pela equipe, caso a atuação tenha sido conjunta (por exemplo, grupos de Saúde do Trabalhador, com coordenação interdisciplinar). Os procedimentos são redigidos pela equipe, no caso de atuações profissionais separadamente, cada profissional redige os seus procedimentos separadamente e depois integra na redação final. Lembrando que o referencial teórico dos procedimentos deve constar nesse item.

Na **Análise**, sugere-se que cada profissional faça sua análise separadamente, identificando, com subtítulo, o seu nome e a categoria profissional. Cada profissional terá condições de análise de resultados em sua área, por esse motivo, essa análise deve ser feita separadamente e incluída em texto único no documento, com a referência de cada profissional.

A **Conclusão** do relatório multiprofissional pode ser realizada em conjunto, principalmente nos casos em que se trate de um processo de trabalho interdisciplinar.

A responsabilidade pelo relato é compartilhada e as referências bibliográficas são interdisciplinares, resguardando-se a autonomia das categorias profissionais, podendo ter na listagem de Referências Bibliográficas, textos específicos de uma determinada área, caso os(as) profissionais julguem necessário.

Nas áreas da saúde, da assistência social e do judiciário, tem se utilizado a nomenclatura "Relatório Psicossocial". A Resolução do Conselho Federal acolhe essa diversidade e não define qualquer impedimento para que seja utilizada essa denominação, podendo inclusive ter subtítulos, tais como Relatório de Encaminhamento, Relatório Informativo, dependendo do serviço prestado, da demanda e da solicitação.

Ao final do documento, a Cidade, data, nome completo, registro profissional e assinatura de todos os profissionais que participaram da intervenção.

A seguir, segue um modelo de Relatório Psicológico, que foi concedido pela Climag – Centro de Educação e Saúde – para ilustrar a confecção de um Relatório Psicológico (Figura 5).

CAPÍTULO 4 – Relatório Psicológico e Multiprofissional | 29

Centro de Educação e Saúde
Avaliação Psicológica
Laudos e Pareceres
Psicoterapia
Atendimentos a Crianças, Adolescentes e Adultos

análise das técnicas utilizadas e os resultados obtidos. Sua análise deve estar fundamentada em um referencial teórico que sustente a técnica utilizada. A análise precisa ser objetiva, não pode perder o foco descrito na demanda e na finalidade do relatório. As referências bibliográficas das análises realizadas devem vir em nota de rodapé ou devem ser citadas ao longo do texto e listadas ao final do documento. -----------------------------------

5. CONCLUSÃO
Descreva aqui suas conclusões no que diz respeito aos resultados alcançados de acordo com a demanda, ou seja, responda de forma clara ao que foi solicitado com o documento. Apresente a evolução do caso e resultados obtidos com o tratamento realizado. Pode, ainda, incluir encaminhamento para outro profissional, orientação de outros procedimentos, bem como pode orientar para a continuidade do tratamento. Nesse item não precisa fazer referências bibliográficas, visto que a conclusão é baseada na análise, em que já constam as citações e referências bibliográficas. O prazo de validade do relatório pode ser incluído na conclusão. ---
----

Cidade e data

———————————————
Nome completo do profissional
Nº de inscrição no CRP
Carimbo

Observação: Rubrique todas as laudas do Relatório, exceto a última que já tem a assinatura.

Rua Manuela Barbosa, 28 sl. 202 Méier
Rio de Janeiro/RJ - CEP: 20735-110
Telefone: 2593-7830
climag.wordpress.com

Figura 5 – Modelo de Relatório da Climag[2]

---

[2] Esse modelo de documento foi concedido pela CLIMAG – Centro de Educação e Saúde para fazer parte desse manuscrito com o intuito de compartilhar conhecimentos com os leitores.

A seguir, um modelo de Relatório para a Justiça. Nesse caso, o advogado da mãe pediu o Relatório Psicológico para incluir nos autos do processo de Disputa de Guarda, visto que o pai se considerava prejudicado no convívio com a filha e entrou com um pedido de guarda. Após as intervenções com os pais, houve mudança significativa de conduta de ambos. Foi solicitado aos pais que aguardassem as sessões de intervenção contratadas para que fosse emitido o relatório e, a partir daí, prosseguissem com o processo judicial, o que foi aceito por ambos. O relatório foi entregue ao final do processo de intervenção, conforme acordado.

Centro de Educação e Saúde
Avaliação Psicológica
Laudos e Pareceres
Psicoterapia
Atendimentos a Crianças, Adolescentes e Adultos

RELATÓRIO PSICOLÓGICO

1. IDENTIFICAÇÃO
Nome: A.G.M. (nome completo da criança)
D.N.: 10/01/2016–6 anos e 1 meses.
Escolaridade: 1º Ano do Ensino Fundamental I / 2022
Filiação: (nome completo dos pais)
Solicitante: xxxxxx (nome completo da mãe)
Finalidade: Comprovar, junto ao Tribunal de Justiça do Rio de Janeiro, Comarca da Capital, 2ª Vara de Família, aspectos emocionais de A.G.M. sob tratamento psicológico, em processo de disputa de guarda.
Autor: Maria Angélica Oliveira Gabriel (CRP 05/10305)

2. DESCRIÇÃO DA DEMANDA

A genitora comparece com a solicitação de acompanhamento para a filha, uma vez que em agosto de 2021, a criança voltou a se relacionar semanalmente com o genitor, dormindo em sua casa nos finais de semana que está com o pai, depois de decisão judicial de visita quinzenal de seis horas aos domingos. A mãe informa que o pai não cuida da menina, que ele é alcoólatra e quando bebe, deixa a filha sob cuidados da avó. O pai relata que não é verdade, que as vezes sai com amigos depois de trabalho, mas não negligência com a filha. Frente a esse relato foi realizada avaliação psicológica, em que a criança apresenta significativa ansiedade, baixa autoestima, dificuldade de expressar sentimentos verdadeiros, nível alto de estresse, medo de abandono e de perder o amor dos genitores. Foi indicado psicoterapia individual para a criança e orientação de pais para ambos os genitores, em sessão conjuntas com objetivo de análise do conflito e propostas de propiciarem melhor ambiente familiar para o desenvolvimento da filha.

3. PROCEDIMENTOS

O atendimento psicológico foi realizado em 30 sessões (20 sessões com a criança e 10 sessões com os pais), no período de outubro de 2021 a fevereiro de 2022. Foram utilizadas técnicas de ludoterapia e intervenções verbais (assinalamento, esclarecimento, confrontação e interpretação) com a criança,

Rua Manuela Barbosa, 28 sl. 202 Méier
Rio de Janeiro/RJ - CEP: 20735-110
Telefone: 2593-7830
climag.wordpress.com

analisadas sob à luz da teoria psicanalítica (WINNICOTT, 2000) complementada com literatura específica para análise do significado do brincar de Efron (2009) e Trinca (2013). Com os pais, foram realizados encontros quinzenais, de 90 minutos cada, com objetivo de diminuir a triangulação da filha no conflito do ex-casal. Foram utilizadas técnicas da psicoterapia breve: Clarificação, Assinalamento e Interpretação (FIORINI, 2016).--

4. ANÁLISE DOS RESULTADOS

A.G.M.: As sessões foram desenvolvidas com atividades lúdicas, gráficas e verbais, de maneira a possibilitar a expressão da paciente (AFFONSO, 2012). Trabalho realizado com o objetivo de excluir a criança do conflito dos pais, desenvolver a autoestima e identificar recursos internos para melhor integração do eu. Foram analisados durante o processo terapêutico: a baixa autoestima, a dificuldade de expressar sentimentos, a ansiedade com foco em realocação do seu lugar de filha de pais separados na dinâmica familiar. Foi trabalhada a percepção e compreensão dos conflitos dos adultos com maior grau de realidade e o seu espaço na relação com a mãe e com o pai, separadamente. Os resultados apresentados foram favoráveis, visto que a paciente respondeu positivamente ao processo terapêutico, ressignificando o afeto que tem pela mãe e pelo pai, excluindo-se da triangulação no conflito dos pais e apresentando busca de melhor qualidade de vida na relação como a família e com os colegas da escola. Demonstrou bom relacionamento com o pai e com a mãe e bem estar no ambiente familiar, não apresentando conflitos significativos no convívio com a genitora ou a avó, que cuida dela quando a mãe está no trabalho. Criança com boa aparência, cuidados de higiene e cuidados pessoais, boa educação, apresentou-se com capacidade para brincar e respeitou os limites impostos pelo processo terapêutico. Na relação com a mãe, na sala de espera, denotou bom relacionamento familiar. A análise foi realizada à luz da leitura psicanalítica da Escola Inglesa: Aberastury (1982) e Winnicott (2000). Durante o processo terapêutico, observou-se significativo amadurecimento emocional da criança, apresentando maior flexibilidade e plasticidade para lidar com os conflitos familiares, ressignificando o seu papel no contexto familiar e na relação dos pais. No processo de orientação de pais, os genitores apresentaram discurso organizado, linguagem adequada e ansiedade moderada. Da quinta sessão em diante, demonstraram maior possibilidade de interagirem, compreenderem suas diferenças e apresentaram-se mais compreensivos e analíticos (um com o outro). Nas primeiras sessões, trabalhou-se o conflito do casal e a criança triangulada no conflito, em que a disputa de guarda era uma forma de provarem quem é o melhor cuidador para a filha. Foi trabalhada a comunicação competitiva do casal e a triangulação da filha em um conflito do passado. Conseguiram durante o processo perceber que ambos têm dificuldades em aceitar o processo de separação tendo desenvolvido uma relação competitiva e pouco colaborativa. Conseguiram, no processo terapêutico, comunicação com maior autenticidade na relação com a filha, substituição das críticas severas ao outro genitor por compreensão de que ambos têm atitudes diferentes em relação à educação e a criança pode compreender que são diferentes. O lugar de pai e mãe, separados, bem como o lugar da filha na família foi reestruturado através da técnica de reorganização familiar (Abordagem Sistêmica). Foram realizadas intervenções verbais com técnicas de esclarecimento, assinalamento e confrontação (FIORINI, 2016) com o objetivo de propiciar um ambiente mais saudável para todos. Ambos demonstraram preocupações em desenvolver melhor relacionamento, pautado no modelo de vida atual, de pais separados com objetivo de proporcionar um ambiente mais saudável para o desenvolvimento da filha. Ao término da orientação de pais, levantaram a hipótese de arquivar o processo de disputa de guarda.--

Rua Manuela Barbosa, 28 sl. 202 Méier
Rio de Janeiro/RJ - CEP: 20735-110
Telefone: 2593-7830
climag.wordpress.com

5. CONCLUSÃO

O ambiente do setting terapêutico ofereceu acolhimento, proteção e sustentação tanto para a criança, quanto para os pais, bem como um espaço para aprenderem a conversar e compreender as diferenças individuais. A criança manifestou, durante o processo terapêutico, seus reais sentimentos e angústias relacionados ao ter que agradar a mãe e ao pai por medo de perder o amor destes e demostrou amadurecimento emocional compatível com sua idade. A partir da análise dos resultados, conclui-se que houve significativa mudança na relação dos pais, reorganização familiar, maior liberdade de expressão de sentimentos e melhor qualidade nas relações parentais. Os pais ressignificaram conflitos do passado, considerando a possibilidade de ambos estarem oferecendo um ambiente mais saudável para desenvolvimento da filha. Considera-se, mediante ao exposto, que A.G.M. está bem adaptada a vida familiar e que a ansiedade apresentada não tinha relação direta com o ambiente em casa, mas com conflitos relacionais dos pais, que após submetidos a orientação, demonstraram mudança de comportamento--

Observação: O Relatório Psicológico tem caráter confidencial, sendo assim, o órgão ou pessoa que tiver acesso a este documento se torna corresponsável por resguardar o sigilo.----------------------------

Rio de Janeiro, 25 de fevereiro de 2022

_____

Maria Angélica Oliveira Gabriel
CRP05/10305
Carimbo

Referências Bibliográficas

ABERASTURY, Arminda. **Psicanálise da Criança**: teoria e técnica. Porto Alegre: Artmed, 1982.

AFFONSO. R.M.L. (Org.) **Ludodiangóstico**. Porto Alegre: Artmed, 2012.

EFRON, A.M. et al. A Hora do Jogo Diagnóstica. In: OCAMPO, Maria Luisa et al. **O Processo Psicodiagnóstico e as Provas Projetivas**. 11. ed., São Paulo: Editora Martins Fontes, 2009.

FIORINI, H. Teoria e Técnicas de Psicoterapias. 2.ed. São Paulo: Martins Fontes, 2016.

TRINCA, Walter. **Formas Compreensiva de Investigação Psicológica**: Procedimento de Desenhos-Estórias e Procedimento de Desenhos de Família com Estórias. São Paulo: Vetor, 2013.

WINNICOTT, D. W., 1896 – 1971. **Da pediatria à psicanálise**: obras escolhidas. Rio de Janeiro: Imago, 2000.

Rua Manuela Barbosa, 28 sl. 202 Méier
Rio de Janeiro/RJ - CEP: 20735-110
Telefone: 2593-7830
climag.wordpress.com

Figura 6 – Relatório Psicológico

CAPÍTULO 5
Laudo Psicológico

Segundo a Resolução CFP 06/2019, (CFP, 2019, Art. 13º):

> O laudo psicológico é o resultado de um processo de avaliação psicológica, com finalidade de subsidiar decisões relacionadas ao contexto em que surgiu a demanda. Apresenta informações técnicas e científicas dos fenômenos psicológicos de uma pessoa, um grupo ou uma instituição atendida.

Como já relatado, o laudo psicológico é decorrente de uma avaliação psicológica e é uma peça de natureza e valor técnico-científico, sendo assim, só poderá ser redigido após o término do processo de avaliação psicológica e, obrigatoriamente, tem que estar fundamentado na Psicologia, enquanto ciência, com as devidas referências bibliográficas citadas ao longo do documento.

Para redigir o laudo, a(o) psicóloga(o) precisa consultar os registros documentais do processo de avaliação (Entrevistas, Técnicas de Avaliação utilizadas e Entrevista de Devolução), lembrando que todos os procedimentos utilizados para avaliação devem ser reconhecidos pelo Conselho Federal de Psicologia (CFP) para uso na prática profissional.

Uma das etapas do processo de avaliação é a testagem, os testes psicológicos que são utilizados no processo de avaliação precisam estar favoráveis no SATEPSI, que foi desenvolvido pelo CFP com o objetivo de avaliar a qualidade técnica-científica dos instrumentos psicológicos para uso profissional. O SATEPSI avalia e, se aprovado, o teste configura em uma listagem de favoráveis para uso profissional pela(o) psicóloga(o).

Para a redação do laudo psicológico, é necessária atenção a alguns detalhes durante o processo de avaliação. Na Entrevista diagnóstica é importante que a finalidade do documento e a descrição da demanda fiquem claras, pois irão nortear todo o processo de avaliação (escolha de instrumentos a serem utilizados e o que será incluído na análise dos resultados e na conclusão do documento).

O que significa nortear todo o processo de avaliação e composição do laudo psicológico? Quando é realizada uma avaliação psicológica, o examinando não apresenta apenas o que estamos investigando. Nas técnicas projetivas, por exemplo, se está sendo feita uma avaliação do controle sobre os impulsos agressivos e sexuais, ao analisar os resultados, podemos ver o tipo vivencial, o nível de aspiração, o nível de angústia, a produtividade, tipo de inteligência e outros fatores que são identificados nas técnicas projetivas, porém se o laudo tem por objetivo relatar sobre o controle dos impulsos agressivos e sexuais, esse material que emerge na técnica deve ser descartado, ou seja, não fará parte do documento final.

Sendo assim, ao preencher os itens que compõem o laudo psicológico, a(o) psicóloga(o) irá selecionar dos resultados obtidos no processo, os que atendem a finalidade do documento e respondem à demanda, ou seja, o motivo pelo qual o documento está sendo elaborado. Dessa forma, devemos atentar para a Conclusão do Laudo, a qual deve limitar-se a informar os dados obtidos na avaliação relacionadas à demanda e finalidade do documento.

Caso a(o) psicóloga(o) atue em equipe interdisciplinar, o laudo pode ser redigido em um documento único, ou seja, os profissionais que participaram da avaliação, e, cada um em sua especialidade, redigirá sobre seus procedimentos, suas análises e suas conclusões.

Um problema que sempre atormenta os colegas é o que redigir e o que não redigir, considerando a norma ética do Sigilo Profissional. Um bom começo é não incluir no laudo as falas dos examinandos, não é o que o examinando falou que compõe o laudo, mas o significado do que falou. Então, como exemplo, se uma examinanda conta sobre detalhes do seu relacionamento com o marido, explanando fatos e ocorrências, a(o) psicóloga(o) deve registrar o significado, o que ela busca na relação, quais as suas necessidades, quais as suas expectativas, como percebe a figura masculina, como se sente frente a figura masculina etc.

Vamos a um exemplo de redação de um fragmento de entrevista? Uma mulher, em entrevista, diz que está deprimida, chora muito, triste a maior parte do dia. Ao relatar sobre sua vida, passa a maior parte da consulta falando sobre o relacionamento conjugal e conta situações em que o marido não lhe dá atenção, diz que não teve atenção do pai e agora revive na relação com o marido, diz que ele prefere os amigos do trabalho e do futebol a ficar em casa com ela. A redação seria "Denota necessidade de afeto proveniente figura masculina, porém sente-se rejeitada e abandonada pela mesma, desencadeando estado interior de tristeza". (MURRAY, 2016).

Para fazer essa associação, utilizei a teoria de personalidade do H. Murray, Personologia, que deve ser citado e referenciado na análise da entrevista no laudo.

A ESTRUTURA DO LAUDO PSICOLÓGICO

O Laudo Psicológico é composto pelos mesmos itens que compõem um Relatório Psicológico, porém com finalidade diferente. Enquanto o Relatório tem o objetivo de informar sobre uma intervenção ocorrida, um serviço prestado de atendimento psicológico ou multidisciplinar, o Laudo tem o objetivo de comunicar o resultado de uma avaliação psicológica.

A Resolução CFP 06/2019 (CFP, 2019) define que o Laudo Psicológico, obrigatoriamente, tem que ser composto com seis itens: a) Identificação; b) Descrição da demanda; c) Procedimento; d) Análise; e) Conclusão; f) Referências Bibliográficas.

Nas linhas seguintes, será exposto cada item obrigatório do Laudo Psicológico com exemplos de como redigir cada item.

Identificação

Neste item, deve constar:

Título: "Laudo Psicológico"

O título "Laudo Psicológico" deve ser usado independentemente da orientação ou especificidade teórico-metodológica da(o) psicóloga(o). Porém, caso considere necessário para maior esclarecimento do conteúdo do documento, pode ser colocado um subtítulo especificando o conteúdo da avaliação, por exemplo, "Laudo Psicológico – Avaliação Neuropsicológica".

Nome da pessoa ou instituição atendida: o nome completo sem abreviações ou o nome social da pessoa atendida, ou nome da instituição atendida. No caso de pessoas, pode-se incluir outros dados como Identidade, CPF, filiação, data do nascimento, escolaridade, idade, endereço e outros que forem necessários para a finalidade a que se destina o documento.

Nome do solicitante: identificação de quem solicitou o documento, podendo ser um profissional, o Poder Judiciário, instituições públicas ou privadas que o usuário está vinculado ou pode ser a própria pessoa ou seus responsáveis.

Finalidade: descrição da razão ou motivo do pedido; para que fim é o documento, para comprovação de incapacidade laboral, para complementação diagnóstica, ou para outro fim. De acordo com quem solicitou e para que solicitou, a(o) autor do documento define a finalidade do mesmo.

Nome da(o) autora(or): nome completo ou nome social completo da(do) psicóloga(o) responsável pela construção do documento, com a respectiva inscrição no Conselho Regional de Psicologia. Caso o documento seja elaborado por um estagiário, nesse item deve ser incluído o nome do supervisor com o número do registro no Conselho de Psicologia.

Exemplo:

IDENTIFICAÇÃO

Nome:

Data de Nascimento:

Idade:

Endereço:

Telefone:

Filiação

Este documento foi elaborado por Maria Angélica Oliveira Gabriel, psicóloga, CRP 05/10305, a pedido do Dr. João Silva, pediatra, CRM 999999-99, com a finalidade de complementação diagnóstica.

É importante que a(o) psicóloga(o) indique de forma clara a razão, o motivo do pedido, a finalidade do documento, para que possa dirigir o conteúdo atendendo a finalidade. Temos aqui, alguns exemplos de finalidades: acompanhamento psicológico, acompanhamento psiquiátrico, acompanhamento neurológico, complementação diagnóstica, prorrogação de prazo de psicoterapia ou outras razões pertinentes a uma avaliação psicológica como para solicitação de algum benefício (transporte público, matricula em escola etc.).

Descrição da demanda

Neste item, a(o) psicóloga(o) descreve os motivos pelos quais o serviço foi prestado com as informações fornecidas pelo solicitante. Devem ser indicadas as demandas que levaram a solicitação do documento com o nome dos informantes. Lembrando que não há problemas em relatar o que foi comunicado, pois não é conteúdo da avaliação do examinando, precisa ficar claro quem informou e o que informou para que a avaliação seja dirigida para essa demanda e o conteúdo da avaliação seja comparado e confrontado com os motivos da avaliação.

Para que possa ser decidido que instrumentos utilizar para a avaliação (Procedimentos), precisamos ter clara a descrição da demanda, por isso, deve ser apresentado um raciocínio técnico-científico do que precisa ser avaliado nesse item.

Vamos a um exemplo de Descrição da Demanda de uma menina que foi encaminhada pela escola para avaliação psicológica por apresentar comportamento agressivo com os colegas e com as professoras. A escola considera uma mudança abrupta de comportamento, visto que Amanda era uma menina dócil e bem relacionada com os colegas de sala.

> Amanda veio encaminhada pela escola por apresentar comportamento agressivo no ambiente escolar. A mãe relata que a mesma está apresentando mudança de comportamento, agredindo colegas da escola, verbalmente e fisicamente, com frequentes queixas da professora. Não dorme sozinha e apresenta enurese noturna. Tal comportamento está presente há aproximadamente seis meses, desde o falecimento do pai em acidente de automóvel. Amanda pensa que o pai está viajando a trabalho, não foi comunicado ainda a morte do pai. Considerando a hipótese de os sintomas estarem relacionados a ruptura brusca da presença do pai, desequilibrando o processo de amadurecimento emocional devido ao trauma sofrido (WINNICOTT, 1973), torna-se necessário realizar avaliação do estado emocional e personalidade, por meio de instrumentos de avaliação psicológica específicos.

Procedimentos

Na resolução CFP 06/2019, ao se tratar do item Procedimentos no Laudo Psicológico, relata que:

> Neste item, a(o) psicóloga(o) autora(or) do laudo deve apresentar o raciocínio técnico-científico que justifica o processo de trabalho realizado pela(o) psicóloga(o) e os recursos técnico-científicos utilizados no processo de avaliação psicológica, especificando o referencial teórico metodológico que fundamentou suas análises, interpretações e conclusões.
>
> I - Cumpre, à(ao) autora(or) do laudo, citar as pessoas ouvidas no processo de trabalho desenvolvido, as informações objetivas, o número de encontros e o tempo de duração do processo realizado.
>
> II - Os procedimentos adotados devem atender à Resolução CFP nº 09/2018, ou outras que venham a alterá-la ou substituí-la.

Dessa forma, os instrumentos utilizados no processo de avaliação precisam ser incluídos no item Procedimentos, além dos livros, artigos e manuais de análise de resultados utilizados, considerando os diferentes referenciais teóricos que os sustentam.

Ao realizar a técnica da Entrevista, por exemplo, no processo de avaliação psicológica, a(o) psicóloga(o) deve informar o nome de quem foi entrevistado, o tempo utilizado, as referências bibliográficas utilizadas para condução da entrevista, bem como para análise.

Vamos ao exemplo para clarificar o que deve estar contido no item Procedimentos. Este é um caso de uma criança que foi encaminhada pelo pediatra, no encaminhamento para avaliação psicológica, o pediatra relata que a criança regrediu em comportamentos após o nascimento do irmão, tais como controle de micção noturna e regressão na fala.

A Avaliação foi realizada em 5 sessões, no período de 15 de dezembro de 2021 a 10 de janeiro de 2022. Foram utilizados os seguintes instrumentos: Entrevista com Pais – uma sessão de 60 minutos fundamentada na teoria psicanalítica (ABERASTURY, 2004), Hora de Jogo Diagnóstica – duas sessões de 60 minutos (OCAMPO, 2009), HTP – uma sessão de 60 minutos (TARDIVO, 2009), CAT-A – uma sessão de 60 minutos (MIGUEL, TARDIVO, MORAES, TOSI, 2013). Ao final do processo foi realizada a Entrevista de Devolução (OCAMPO, 1981), realizada em 60 minutos, 30 minutos com a criança e 30 minutos com os pais.

Análise

Esse é o momento de compilação de resultados obtidos nas técnicas utilizadas para avaliação relacionada com a descrição da demanda e a finalidade do documento. A Análise dos Resultados é considerada o ponto mais alto do Laudo Psicológico, o item Análise exige do autor pleno domínio de classificação e análise das técnicas utilizadas, capacidade de síntese explicativa, descritiva e objetiva. A Análise tem que ser seletiva, tendo que estar diretamente relacionada com o solicitado na descrição da demanda e atendendo a finalidade do documento.

A análise pode ser redigida em texto corrido ou pode ser uma síntese de cada instrumento utilizado na avaliação. Nota-se que não é uma descrição literal do que o examinando relatou na entrevista ou na execução dos testes psicológicos, mas sim o significado do que o examinando disse e/ou executou durante o processo de avaliação.

No item Análise, devemos fundamentar todo o texto em uma leitura técnica da Psicologia, ou seja, na literatura científica e/ou manuais dos testes aplicados, todas as afirmações devem estar fundamentadas em teorias e estudos científicos reconhecidos na Psicologia.

Muitas vezes, durante o processo de análise, principalmente no uso de técnicas projetivas e expressivas, coletamos muito mais do que precisamos para responder à solicitação no laudo psicológico, como já foi dito anteriormente. Por esse motivo, não podemos incluir no laudo tudo o que foi coletado durante o processo de avaliação, mas apenas o que é necessário para explicar o fenômeno psicológico que está em questão na descrição da demanda, atendendo a finalidade do documento (Laudo Psicológico).

Apresento aqui um exemplo do item Análise no Laudo Psicológico de um paciente atendido na clínica com relato de perda de controle emocional, culminando com agressões verbais e físicas no ambiente familiar e no ambiente social.

> De acordo com dados coletados na entrevista, analisados à luz da psicanálise winnicottiana (WINNICOTT, 1985), o examinando apresenta dificuldades frente a situações nas quais vivencia restrição de liberdade, apresentando comportamentos agressivos quando é retido nas suas intenções comportamentais, principalmente quando relacionados com figuras de autoridade, desencadeando sentimentos hostis e ausência de controle sobre os impulsos, apresentando assim, comportamentos inadequados socialmente, como a agressão física relacionada no item Descrição da Demanda deste documento. Nos resultados obtidos no TAT, observa-se que os comportamentos agressivos relatados pelo examinando, são decorrentes da percepção do ambiente como restritivo e invasivo, desencadeando estado interior de raiva e oposição. Denota fragilidade egoica com poucos recursos internos para conter os impulsos agressivos e tensões psíquicas, atuando com a raiva, sem possibilidade de discriminação, o que vem dificultando a interação e relacionamento no meio familiar e social (MURRAY, adaptado por SILVA, 2019). Ao ser informado do diagnóstico psicológico na entrevista de devolução, o examinando demonstrou boa aceitação dos resultados da avaliação, apresentando a necessidade de ajuda para lidar com seus conflitos e desejo de melhorar a qualidade de vida e relações interpessoais.

Conclusão

A Conclusão é o item em que a(o) autor do Laudo Psicológico responde diretamente à demanda com foco na finalidade do documento. É um texto descritivo, curto, é um resumo do que foi apresentado na análise. É facultado a(o) psicóloga(o), o uso de documentos classificatórios de Doença ou Transtornos Mentais, tais como a Classificação Internacional de Doenças e Problemas Relacionados com à Saúde (CID) ou o Manual Diagnóstico e Estatístico de Transtornos Mentais (DSM) ou outro manual que for aceito na comunidade científica.

Algumas vezes, o solicitante coloca no pedido a obrigatoriedade do CID no documento produzido pela(o) psicóloga(o), como, por exemplo, em grande parte dos planos de saúde para liberar a autorização do tratamento psicológico.

É importante que seja considerada a natureza dinâmica e não cristalizada da pessoa que passou pelo processo de avaliação. A(O) psicóloga(o) inclui na Conclusão, que os resultados da avaliação correspondem àquela pessoa naquele momento. Nesse item, precisa ser considerada a dinâmica da vida humana, em que fatores familiares, relacionais, situação social e outros que mudam com o tempo e influenciam significativamente nos resultados dos exames psicológicos. Sendo assim, as conclusões de dinâmica da personalidade são temporais, ou seja, tem um prazo de validade, que será decidido pela(o) autor do documento.

Na Conclusão, vamos indicar encaminhamentos, tipos de intervenções indicadas, diagnóstico, prognóstico, orientações e/ou solicitação de avaliações complementares (neurologista, pediatra etc.). Como colocado anteriormente, a conclusão sintetiza os resultados apresentados na análise relacionado com a demanda, finalidade do documento e indica os encaminhamentos a partir dos resultados apresentados.

Ao encerrar o documento, deve ser incluída a Cidade, data da emissão, carimbo, em que conste nome (ou nome social) completo da(o) psicóloga(o) e a sua inscrição profissional.

As páginas do laudo têm que estar numeradas, rubricadas da primeira até a penúltima página, a última página não precisa rubricar, visto que consta a assinatura.

Referências Bibliográficas

O Laudo é um documento técnico-científico, e por ser científico, o seu conteúdo tem que ser fundamentado em teorias e técnicas comprovadas cientificamente. Como todo texto científico, o autor deve fazer citações ao longo do texto e listar os referenciais teóricos e a literatura utilizada para caso o solicitante queira consultar o material que fundamentou a análise e conclusão.

As referências bibliográficas podem ser listadas ao final do documento ou podem ser listadas ao longo do texto em nota de rodapé, ambas as formas são aprovadas pela ABNT – Associação Brasileira de Normas Técnicas, porém o CFP, na resolução CFP 06/2019, sugere que sejam listadas, preferencialmente, em nota de rodapé.

O laudo psicológico é um dos documentos mais complexos de elaboração. Por esse motivo, faremos uma síntese integrada dos conteúdos desse capítulo.

O laudo deve apresentar todos os itens da estrutura identificados separadamente (Identificação, Descrição da Demanda, Procedimentos, Análise e Conclusão). No item Procedimentos é necessário explicitar os recursos usados, as fontes fundamentais e complementares utilizadas com citação de sua base técnica-científica e uso de referências bibliográficas na nota de rodapé ou listado ao final do texto.

O laudo pode ser um documento elaborado apenas pela(o) psicóloga(o) ou pode ser elaborado por uma equipe multiprofissional. O laudo multiprofissional é redigido, quando as conclusões necessárias para responder à demanda inicial precisam de um estudo integrado das avaliações realizadas por uma equipe multidisciplinar, necessitando de uma análise e conclusão conjunta.

Caso o laudo seja multiprofissional, a(o) psicóloga(o) deve resguardar os conteúdos de práticas privativas da(o) psicóloga(o), assim como sigilo profissional, podendo apenas estar descritos os resultados necessários para que a análise integrada seja realizada.

Embora os itens Identificação, Descrição da demanda, Conclusão e Referências bibliográficas possam ser redigidos em conjunto com os demais profissionais no Laudo Multiprofissional, o item Procedimento, caso tenha sido utilizado instrumentos privativos da(o) psicóloga(o), deve ser redigido separadamente (por profissional), pois eles fazem referência a métodos, técnicas e procedimentos específicos da(o) profissional psicóloga(o).

A seguir apresento o modelo de Laudo Psicológico padronizado para uso na Climag – Centro de Educação e Saúde (2020) para servir como referencial aos leitores.

LAUDO PSICOLÓGICO

Fevereiro/2022

Identificação
Nome: (nome do examinado)
Data de Nascimento:
Endereço:
Este documento foi elaborado por _____ (nome completo e CRP do profissional que realizou a avaliação), a pedido do Sr. _____ (indicar o nome do autor do pedido /instituição), com a finalidade de _____ (O psicólogo indicará a razão, o motivo do pedido: acompanhamento psicológico, psiquiátrico, neurológico, médico, prorrogação de prazo para acompanhamento, pedido da escola, ou outras razões pertinentes a uma avaliação psicológica como para solicitação de algum benefício para o examinado).

Descrição da demanda

(nome da pessoa que foi submetida a avaliação psicológica) buscou atendimento por estar apresentando _____ (deve incluir a descrição da queixa/demanda: informações referentes à problemática apresentada e dos motivos, razões e expectativas que produziram o pedido do documento).
Obs.: Faça uma análise da demanda para justificar o procedimento adotado no item a seguir.
Caso tenha sido feito um encaminhamento ou a solicitação seja do responsável legal, iniciar esse item relatando o nome da pessoa que encaminhou para avaliação e o motivo.

Procedimentos

A avaliação foi realizada em _____ sessões, no período de _____ a _____.
Foram utilizados os seguintes instrumentos:
(mencionar os instrumentos utilizados, a fundamentação teórica e tempo de aplicação de cada um).
Obs.: As referências bibliográficas dos instrumentos utilizados devem ser citadas nesse item e vir listadas em nota de rodapé ou ao final do documento, seguindo as regras da ABNT.

CAPÍTULO 5 – Laudo Psicológico | 43

Análise

Faça uma exposição descritiva, metódica, objetiva e coerente com os dados colhidos durante o processo de avaliação e relate somente o que diz respeito à demanda. Não apresente descrições literais das sessões ou atendimentos realizados. Se necessário, para esclarecer uma análise, pode ser descrito parte do relato, caso tais descrições se justifiquem tecnicamente.
Respeite a fundamentação teórica que sustenta as técnicas utilizadas no processo de avaliação.
A análise precisa ser objetiva, não pode perder o foco que é responder a demanda. As referências bibliográficas devem vir em nota de rodapé ou ser citadas ao longo do texto e listadas ao final do documento.

Conclusão

Descreva aqui suas conclusões, lembrando que o laudo tem validade temporal, pois que as pessoas têm natureza dinâmica e não cristalizada.
Na conclusão, são indicados encaminhamentos, diagnóstico, prognóstico e/ou orientação. Caso utilize a Classificação Internacional de Doenças (CID), esta deve vir como referência bibliográfica em nota de rodapé ou ao final do documento.

Rio de Janeiro, xx de xxxxxx de 20xx

_____
Nome completo do profissional
Nº de inscrição no CRP
Carimbo

Figura 7 – Modelo de Laudo[3].

---

3   Esse modelo de documento foi elaborado pela professora Maria Angélica Gabriel para o Setor de Avaliação e Psicoterapia da CLIMAG – Centro de Educação e Saúde no Rio de Janeiro com o intuito de uniformizar os documentos emitidos pela Clínica e concedido para fazer parte desse manuscrito com objetivo de compartilhar conhecimentos com demais profissionais psicólogas(os).

A seguir, apresento um caso de laudo elaborado a pedido do advogado de uma pessoa do sexo masculino, empresário, que estava respondendo a processo criminal por crime de subtração de material alheio, enquadrado no artigo 155 do Código Penal. Após entrevista com advogado da parte, que pretendia entrar com mudança de artigo, visto que considerava que havia algum transtorno mental, pois o seu cliente não tinha necessidades financeiras que justificasse os pequenos furtos e apresentava significativo arrependimento após o furto.

Centro de Educação e Saúde
Avaliação Psicológica
Laudos e Pareceres
Psicoterapia
Atendimentos a Crianças, Adolescentes e Adultos

LAUDO PSICOLÓGICO

1. IDENTIFICAÇÃO
Nome: João Silva
Data do Nascimento: 14 de janeiro 1990
Autora: Maria Angélica Oliveira Gabriel – Psicóloga - CRP 05/10305
Solicitante: Dr. José Silva – Advogado – OAB 00/00012
Finalidade: Assistência Técnica Judicial de (Nome do examinado)

2. DESCRIÇÃO DA DEMANDA
O Dr. José Silva procurou a psicóloga Maria Angélica Gabriel, na CLIMAG – Centro de Educação e Saúde, para emitir um laudo psicológico de seu cliente João Silva, por este subtrair objetos sem significativo valor financeiro de terceiros e, por esse motivo, está respondendo à inquérito judicial. Já tendo estado encarcerado por duas vezes, e por o advogado perceber a ausência de maldade ou necessidade no ato ilícito, visto que os eu cliente é um empresário bem sucedido, solicita um exame psicológico para avaliar se há problemas mentais que justifiquem tal comportamento, considerando fora do controle do seu cliente, segundo informações prestadas pelo próprio. A psicóloga teve acesso aos autos do processo e a partir da demanda, optou por um exame mental em entrevista diagnóstica e utilização de instrumentos projetivos e expressivos para avaliação de personalidade e possíveis transtornos mentais que possam justificar tal comportamento.--

3. PROCEDIMENTOS
João Silva foi submetido aos seguintes exames psicológicos com o objetivo de investigar se há fatores de personalidade patológica que possam estar associados ao comportamento compulsivo em relação a subtração de objetos sem significativo valor financeiro de terceiros.
    1. Entrevista Diagnóstica para levantamento de hipóteses diagnóstica de psicopatologias com o examinando e com familiares (3 sessões, uma com familiares – esposa e enteados – e duas com o examinando, cada uma sessão com duração de uma hora). A análise do conteúdo da entrevista foi fundamentada na psicanálise para compreensão da dinâmica da personalidade (MACKINNON, R. A., MICHELS, R. BUCKLEY, 2008) e nos estudos nosológicos do DSM IV (2000) e nos estudos de Psicopatologia dos Transtornos Mentais (DALGALARRONDO, P., 2010).-----
    2. Teste de Rorschach (VAZ, 2006) para identificar estrutura da personalidade e sinais de psicopatologias. Aplicado em uma sessão de duração de uma hora.--------
    3. HTP (ALVES, TARDIVO, 2007) - Teste do desenho da Casa, Árvore e Pessoa para identificar dinâmica da personalidade, psicopatologias e percepção de si e do

Rua Manuela Barbosa, 28 sl. 202 Méier
Rio de Janeiro/RJ - CEP: 20735-110
Telefone: 2593-7830
climag.wordpress.com

Centro de Educação e Saúde
Avaliação Psicológica
Laudos e Pareceres
Psicoterapia
Atendimentos a Crianças, Adolescentes e Adultos

meio externo. Aplicado em uma sessão de duração de uma hora.

4. TAT (MURRAY, SILVA, 2003) Teste de Apercepção Temática para identificar a dinâmica da personalidade, psicopatologias e relacionamento interpessoal. Aplicado em duas sessões de uma hora.

5. Entrevista de Devolução de Resultados – entrevista realizada com o examinando duração de 40 minutos, entrevista realizada com a esposa duração de 40 minutos e entrevista realizada com o advogado, duração de 40 minutos com objetivo de devolução de resultados e orientação para condução do caso.

4. ANÁLISE DOS RESULTADOS

Durante a entrevista diagnóstica foi possível perceber que João Silva apresenta personalidade regredida, imatura, com comportamentos característicos da primeira e segunda infância (de 0 a 5 anos aproximadamente), com baixo controle sobre a impulsividade e lapsos de memória dos momentos de crise de ansiedade. Nota-se descontrole emocional, oscilando de ansiedade intensa a depressão intensa. Tem consciência da ilegalidade do seu ato de subtrair objeto que não lhe pertence, sente-se culpado, mas não controla a compulsão no momento da ação, subtraindo objetos até de sua própria empresa. O ato ilícito se dá quando João fica ansiosamente fixado em um objeto e precisa subtrair como forma de aliviar a ansiedade intensa, e, devido a sua doença mental, não tem controle sobre o comportamento impulsivo de subtrair. Há um aumento das sensações de tensão no momento do ato ilícito e depois da subtração, apresenta relaxamento da tensão. Após, em um curto período, sente-se arrependido e deprime com ideação suicida e comportamentos autopunitivos. De acordo com os dados coletados na entrevista, trata-se de personalidade com desenvolvimento mental limitado, que desencadeia comportamento ansioso como de uma criança que deseja algo e quer satisfação imediata de seu desejo. Demonstra ainda instabilidade de humor, medo de abandono e de estar só, cleptomania e impulsividade nas crises de ansiedade, comportamentos típicos da personalidade borderline (DSM V). A patologia apresentada pode estar relacionada a falhas no desenvolvimento, com fixação na mais tenra infância, quando a relação com a mãe foi interrompida abruptamente desencadeando ansiedade frente ao medo de abandono e pela ansiedade frente a percepção de meio como agressivo e violento relacionado a experiência emocional de maus tratos sofridos na infância. Esses fatores geraram significativo sentimento de solidão e desamparo, o que bloqueou o desenvolvimento mental. Hoje, alivia a angústia frente a ausência materna quanto subtrai objetos concretos causando uma sensação temporária de pertencimento e alívio do sentimento de desamparo. Para corroborar ou refutar tais hipóteses diagnósticas foram utilizadas técnicas e testes de personalidade com os seguintes resultados:

1. **Psicodiagnóstico de Rorschach** (borrões de tinta) – apresentou conflitos internos entre forças repressoras e forças reprimidas (Superego e Id) não conseguindo controle das forças reprimidas (impulsos), reagindo com comportamentos que fogem ao seu controle racional e explosões afetivas. A figura de autoridade foi interiorizada de forma negativa, representando ameaça a sua integridade, ocasionando assim uma debilidade patológica na relação do examinando com a realidade, com uma incapacidade de identificar segurança no meio ambiente. Em relação à figura materna, permanece estagnado em fase

Centro de Educação e Saúde
Avaliação Psicológica
Laudos e Pareceres
Psicoterapia
Atendimentos a Crianças, Adolescentes e Adultos

primitiva do desenvolvimento mental, ou seja, não completou o ciclo de amadurecimento emocional de forma a emitir comportamentos relacionados com a adultez. Nível de Angústia patológico, com sinais de ansiedade e depressão patológica.

2. **TAT** (Teste de Apercepção Temática) – Personalidade infantilizada e dependente, necessita de proteção e ajuda de pessoas que representem as figuras parentais para desenvolver maturidade na relação com o outro e para resolução de conflitos intrapsíquicos. Tais necessidades frente ao meio, que por vezes lhe parece dominante e indiferente ao seu sofrimento, desencadeiam estado interior de tristeza, desespero, conflito moral, culpa e ansiedade. Sofre grande tensão psíquica com crises de depressão e ansiedade frente ao sentimento de abandono e perda, regredindo assim a comportamentos primitivos e infantis, impulsivos e imaturos. Ansiedade patológica com impulsividade. Depressão patológica com ideações suicidas.

3. **HTP** (ALVES, TARDIVO, 2007) - Estado interior de depressão, insegurança, inadequação, dependência, impulsividade, controle do ego pobre. O examinando necessita de apoio e afeto para desenvolver segurança interna e superar o processo de dependência, insegurança e imaturidade. Identifica na sua morte a possibilidade de reencontro com os cuidados maternos. Nível de angústia patológico. Conflito entre a necessidade de controle dos seus impulsos e perda de controle frente a situações de perda.

5. CONCLUSÃO
De acordo com os resultados analisados, o examinando apresentou significativa falha no desenvolvimento mental, com fixação em fase primitiva do desenvolvimento humano, não tendo concluído o ciclo de formação de sua personalidade para viver normalmente a adultez. Conclui-se que João Silva apresenta transtorno de personalidade borderline (DSM-IV - Manual de Desordens Mentais), com os seguintes critérios do diagnóstico: 1- instabilidade e intensidade nos relacionamentos interpessoais, 2- esforços frenéticos no sentido de evitar o abandono real ou imaginário, 3- perturbação da identidade com instabilidade acentuada e resistente da autoimagem ou do sentimento de self, 4- impulsividade em pelo menos duas áreas potencialmente prejudiciais a própria pessoa (fumante compulsivo e cleptomania - subtração de objetos sem valor), 5- sentimento crônico de vazio, 6- ideação paranoide transitória relacionada ao estresse, 7- raiva inadequada ou intensa quando sente-se só ou abandonado. O transtorno mental apresentado, faz com que (nome do cliente) não consiga controle sobre a impulsividade, mesmo quando reconhece o ato como ilícito, não consegue comportar-se de acordo com esse entendimento, a ansiedade e impulsividade obnubila o raciocínio lógico levando-o ao ato.

6- INDICAÇÕES
Para o examinando retomar seu desenvolvimento, deve submeter-se ao seguinte tratamento:
1. **Tratamento Psiquiátrico Ambulatorial** - O examinando precisa de acompanhamento psiquiátrico para controle das crises intensas de ansiedade e de

Rua Manuela Barbosa, 28 sl. 202 Méier
Rio de Janeiro/RJ - CEP: 20735-110
Telefone: 2593-7830
climag.wordpress.com

Centro de Educação e Saúde
Avaliação Psicológica
Laudos e Pareceres
Psicoterapia
Atendimentos a Crianças, Adolescentes e Adultos

depressão, que geram, respectivamente, o comportamento compulsivo (tabagismo e cleptomania) e o comportamento autopunitivo, respectivamente. ----------------------
2. **Psicoterapia Individual e Orientação Familiar** - Necessita de psicoterapia com pelo menos duas sessões semanais, inicialmente, por um ano. Após esse período, deve ser submetido a reavaliação para análise da evolução do tratamento. Orientação familiar com objetivo de reestruturação das relações familiares, tornando o grupo um lugar mais seguro para que ele possa se sentir acolhido e mais estável, desenvolvendo assim aspectos mais primitivos da personalidade com foco no amadurecimento emocional. ----------------------
3. **Acompanhante Terapêutico** - Acompanhamento contínuo de profissional, em trabalho interdisciplinar com os demais profissionais de saúde mental, com o objetivo de reduzir o sentimento de abandono, desenvolver atividades sociais e funcionar como um regulador do comportamento compulsivo. ----------------------

Rio de Janeiro, 26 de novembro de 2021

(assinatura)
Maria Angélica Gabriel
CRP 05/10305
Carimbo

REFERÊNCIAS BIBLIOGRÁFICAS

ALVES, I; TARDIVO, R. **HTP**- House, Tree, Person. São Paulo: Vetor, 2007.
CUNHA, J. et. al. **Psicodiagnóstico V**. Porto Alegre: Artmed, 2003.
DALGALARRONDO, P. **Psicopatologia e semiologia dos transtornos mentais**. 2.ed. Porto Alegre: Artmed, 2010.
DSM-IV. American Psychiatric Association: Diagnostic e Statistical Manual of Mental Disorders, 4th Edition. Washington: DC, 2000.
MACKINNON, R. A. , MICHELS, R. BUCKLEY. **A entrevista psiquiátrica na prática clínica**. 2.ed. Porto Alegre: Artmed, 2008.
MURRAY, H; SILVA, M.C. **TAT**- Teste de Apercepção Temática. São Paulo: Casa do Psicólogo, 2003.
VAZ, C. **O Rorschach** – Teoria e Desempenho. São Barueri (SP): Manole, 2006.

Rua Manuela Barbosa, 28 sl. 202 Méier
Rio de Janeiro/RJ - CEP: 20735-110
Telefone: 2593-7830
climag.wordpress.com

Figura 8 – Laudo de Assistência Técnica.

Exercitando

1- Um paciente de 20 anos procura uma psicóloga com a seguinte demanda: Dificuldades de relacionamento familiar, dificuldade de interação social, timidez, tristeza, relata ser alvo de bullying na faculdade, por ser tímido e esquisito.

A psicóloga, frente a demanda, decide utilizar: Entrevista diagnóstica (60m), TAT (duas sessões de 60m cada), IHS (50m), Teste das Pirâmides Coloridas de Pfister (60m).

As técnicas foram aplicadas nos dias 14, 20, 21, 27 e 28 de outubro de 2021. Como deve ser escrito o item PROCEDIMENTOS no Laudo Psicológico?

2- O supervisor de um SPA – Serviço de Psicologia Aplicada solicitou ao seu estagiário, a avaliação e o laudo psicológico de uma criança de cinco anos que foi encaminhada ao Serviço pela Pediatria com constipação intestinal sem causas clínicas que justificassem o sintoma. Após realizar a avaliação, o estagiário buscou no Google como redigir um laudo e encontrou um modelo que trazia no item Identificação os seguintes subitens: **Autor, Interessado e Assunto**, o qual ele usou para elaborar o documento. Considerando a Resolução 06/2019, analise o procedimento do estagiário?

3- Ao concluir a avaliação psicológica de um adolescente de 12 anos, um psicólogo clínico identificou que o adolescente apresentava estado interior de angústia relacionado a sentimentos de abandono e solidão. Socialmente, apresentou dificuldades de relacionamento, devido a deficit em habilidades sociais com traços de ansiedade, o que fazia com que se mantivesse isolado em contextos sociais, desencadeando significativo sofrimento psíquico. A família era composta pelo pai, mãe e o adolescente. Os pais se apresentaram com dificuldades comunicacionais no grupo intrafamiliar e rigidez de comportamento com sentimentos persecutórios e isolamento social.

Considerando que no item Conclusão, o profissional pode fazer o encaminhamento, qual o encaminhamento que você daria para o caso em questão?

4- A mãe de Juliana, uma adolescente de 13 anos, procura uma psicóloga alegando que sua filha tem dificuldades de relacionamento interpessoal, alegando que as pessoas debocham dela, porque do seu sobrepeso e, por isso, ela não tem amigos. Em entrevista conjunta (mãe e filha), a mãe diz que Juliana se acha feia e não quer sair de casa, porque as pessoas debocham dela. Vai à escola, mas não consegue se relacionar. Atualmente, tem tido dores fortes de cabeça ou dores de barriga na hora de ir para a escola, pedindo para faltar. Juliana diz que ela acha as meninas da escola metidas e chatas, por isso prefere ficar sozinha e não gosta de ir à escola.

A partir do relato acima, a psicóloga decide por fazer uma avaliação e elaborar um laudo psicológico para analisar o que está acontecendo e dar possíveis encaminhamentos e/ou orientações. Como a psicóloga deve descrever a demanda desse caso no laudo psicológico?

CAPÍTULO 6
Parecer Psicológico

Nesse capítulo, vamos compreender o que é um Parecer Psicológico, em que situações deve ser elaborado, qual a sua finalidade e como a(o) psicóloga(o) vai redigir o Parecer, quando solicitado.

No Artigo 14º da Resolução CFP 06/2019, temos a definição de Parecer Psicológico: "[...] é um pronunciamento por escrito, que tem como finalidade apresentar uma análise técnica, respondendo a uma questão-problema do campo psicológico ou a documentos psicológicos questionados" (CFP, 2019).

A partir dessa definição, entendemos que o Parecer Psicológico não é resultado de avaliação psicológica, nem de intervenção psicológica, esses resultados são descritos no Laudo Psicológico/Atestado Psicológico e no Relatório Psicológico, respectivamente. Elaboramos Parecer em resposta às dúvidas de outros colegas ou questionamentos levantados sobre documentos e textos redigidos por psicólogas(os), que exija conhecimento no campo da Psicologia. O objetivo do Parecer é responder a dúvidas do solicitante em relação à Psicologia. O solicitante do parecer pode ser uma instituição como escola, por exemplo, ou um profissional, (juiz, médico, pedagogo ou outro profissional que tenha alguma dúvida no campo da Psicologia) que precisa de esclarecimentos para tomada de decisão. Sendo assim, podemos dizer que o Parecer Psicológico é uma resposta a uma consulta, é um documento que vai responder de forma pontual e esclarecedora a dúvida do solicitante.

Para que a(o) psicóloga(o) responda uma consulta na modalidade de Parecer Psicológico, esta(e) precisa ter conhecimento específico da questão-problema e competência técnica no assunto. Precisa comprovar seu conhecimento técnico através de especializações, prática profissional, publicações, pesquisas realizadas no assunto ou outra forma de comprovação de *expert* no assunto.

A resposta a dúvida do solicitante deve ser respondida fundamentada no conhecimento técnico do autor do documento (psicóloga/o), porém precisa estar embasada em um referencial teórico e na literatura de Psicologia.

Vamos a um exemplo de questão-problema que configura a elaboração de um Parecer:

Um advogado, que assume uma causa de pedido de guarda compartilhada do pai de uma criança de dois anos de idade, solicita um parecer psicológico acerca dos possíveis benefícios e malefícios da guarda compartilhada para crianças com menos de dois anos de idade.

Nesse caso, o Parecer Psicológico não vai tratar daquela criança especificamente, mas sim, vai responder à pergunta embasado na literatura de Psicologia e em um referencial teórico que trate da mudança de ambiente domiciliar nessa faixa etária, literatura sobre o desenvolvimento humano, desenvolvimento da personalidade também se tornam úteis para responder tal solicitação.

Outro exemplo é uma questão-problema no contexto escolar:

Uma escola pode solicitar um Parecer sobre a possibilidade de uma criança com algum transtorno cognitivo poder acompanhar uma turma de ensino fundamental, por exemplo, uma criança com Transtorno do Espectro Autista acompanhar uma classe regular de primeiro ano do ensino fundamental. Nessa situação, a(o) psicóloga(o) precisa ter expertise em estudos sobre autismo e escolaridade para responder ao solicitante.

Fica claro aqui que ao responder uma solicitação na modalidade de Parecer Psicológico, a(o) psicóloga(o) não responde com base em um único sujeito, mas considerando os estudos atuais, referenciais teóricos e fundamentos da Psicologia que respondam tal consulta.

Outra modalidade de questão que exige a elaboração de Parecer Psicológico é quando um documento elaborado por psicóloga(o) é questionado, o que é comum na área jurídica, quando laudos, relatórios e atestados são questionados por uma das partes de um processo.

A ESTRUTURA DO PARECER PSICOLÓGICO

O Parecer Psicológico é composto, obrigatoriamente, por cinco itens, de acordo com a Resolução 06/2019 (CFP, 2019):

a) Identificação;

b) Descrição da demanda;

c) Análise;

d) Conclusão;

e) Referências Bibliográficas.

Observe que nesse documento não foi incluído o item Procedimento, visto que não são aplicadas técnicas de avaliação ou intervenção psicológica, então precisamos apenas identificar sobre quem e para quem estamos elaborando o documento (Identificação), o que motivou a elaboração do documento (Descrição da Demanda), a análise do documento em questão (Análise) e o que foi concluído, a partir da análise, no caso, aqui respondendo mais objetivamente a questão do solicitante (Conclusão).

Identificação

No item Identificação, de acordo com a Resolução CFP 06/2019, deve constar:

– Título do documento: "Parecer Psicológico";

– Nome da pessoa ou instituição objeto do parecer: nome completo ou nome social completo e, se necessário, outras informações sociodemográficas da pessoa ou instituição;

– Nome do solicitante: identificação de quem solicitou o documento, especificando se a solicitação foi realizada pelo Poder Judiciário, por empresas, instituições públicas ou privadas, pela(o) própria(o) usuária(o) do processo de trabalho prestado ou outros interessados;

– Finalidade: a razão ou motivo do pedido;

– Nome da(o) autora(or): identificação do nome completo ou nome social completo da(o) psicóloga(o) responsável pela construção do documento, com a respectiva inscrição no Conselho Regional de Psicologia e titulação que comprove o conhecimento específico e competência no assunto.

Descrição da Demanda

Aqui será redigido o motivo pelo qual foi feita a consulta a(ao) psicóloga(o) e o objetivo parecer que foi elaborado, documentos que embasam a demanda e outros dados que esclareçam a demanda podem ser descritos nesse item.

Análise

Nesse item, deve ser feita uma análise minuciosa da questão-problema (texto, laudo, atestado ou outro documento/situação). Essa análise tem que responder às questões do solicitante, no que se trata do campo da Psicologia, com uma análise minuciosa fundamentada na literatura da Psicologia, bem como nos preceitos éticos e técnicos da profissão.

Conclusão

Nesse item, de forma mais objetiva, a(o) psicóloga(o) apresenta suas conclusões, fundamentado na literatura científica sobre a questão-problema ou sobre os documentos psicológicos analisados. O parecer tem que ser conclusivo, no que tange a questão-problema no que diz respeito ao campo da Ciência e Práticas da Psicologia.

Ao final do documento deve indicar o local, data de emissão, carimbo (com nome completo). Número do CRP e assinatura.

Todas as laudas (páginas), exceto a última, têm que ser rubricadas e numeradas.

Referências Bibliográficas

Na elaboração de pareceres psicológicos, é obrigatória a informação das fontes científicas ou referências bibliográficas utilizadas, em nota de rodapé, preferencialmente.

Conclui-se que a construção do parecer precisa ser bem fundamentada, de forma que as contestações ou ratificações apontadas no documento analisado fiquem explícitas, objetivas e claras. Esse documento demanda uma expertise em no campo da Psicologia que o profissional está elaborando o parecer.

Exercitando

1- Um psicólogo é contratado por uma das partes de um processo judicial para elaborar um parecer de um laudo psicológico elaborado por um psicólogo perito nomeado pelo juiz.

2- Um juiz solicita a avaliação do uso do Psicodiagnóstico de Rorschach no contexto jurídico, questionando se esse teste é confiável e válido para diagnóstico de psicopatia. Que documento o psicólogo deve elaborar? Como deve o psicólogo formatar esse documento, ou seja, que itens deve conter no documento?

Centro de Educação e Saúde
Avaliação Psicológica
Laudos e Pareceres
Psicoterapia
Atendimentos a Crianças, Adolescentes e Adultos

PARECER PSICOLÓGICO

1. IDENTIFICAÇÃO
Nome: João Silva
Solicitante: Mm. Sr. Juiz Dr. José Silva da 41ª Vara de Criminal da Comarca da Capital
Finalidade: Análise de validade de Laudo Psicológico.
Parecerista: Maria Angélica Oliveira Gabriel CRP 05/10305

2. DESCRIÇÃO DA DEMANDA
O presente Parecer trata de solicitação do Mm. Sr. Juiz Dr. José Silva para análise do conteúdo de Laudo Psicológico com objetivo de validar resultado de avaliação psicológica que está em questionamento por uma das partes do processo. O Laudo Psicológico, que se encontra nos Autos do Processo Nº 00/ 2020 de Separação Judicial, é peça utilizada por uma das partes como prova alegada de incapacidade emocional da parte que ficou com a guarda dos filhos quando da separação, motivo pelo qual requer do juiz a "revisão de guarda". A parte, agora contestando, solicita a invalidação da Avaliação Psicológica e Laudo Psicológico, alegando que o documento não tem respaldo ético legal, vez que o psicólogo era parente próximo da parte que está pleiteando a guarda (primo de segundo grau). Diz ainda que aquela avaliação não está isenta da neutralidade necessária, pois o psicólogo deu informações baseadas na versão do "primo" e que consigo só falou uma vez, apresentando interpretações pessoais e deturpadas. Requer, portanto, o Mm. Juiz, Parecer sobre a validade da contestada do Laudo Psicológico. –

3. ANÁLISE DOS RESULTADOS
De acordo com o Código de Ética Profissional do Psicólogo (2005) houve quebra de sigilo profissional, quando o psicólogo relata, indevidamente, conteúdos da entrevista com a mãe da criança no laudo psicológico (l.16, p.3), infringindo assim o Art. 9º do Código de Ética Profissional, que trata do Sigilo Profissional: "É dever do psicólogo respeitar o sigilo profissional a fim de proteger, por meio da confidencialidade, a intimidade das pessoas, grupos ou organizações, a que tenha acesso no exercício profissional" (CFP, 2005, p.13). A colocação foi desnecessária para responder aos quesitos solicitados, não protegendo a intimidade da genitora em exercício profissional. No Laudo Psicológico, o psicólogo coloca sua opinião pessoal em relação ao que foi dito pelo pai da criança "considerando o exposto, vimos que o pai da criança é extremamente responsável e capacitado para exercer os cuidados integrais com o seu filho" (l.18, p.2), o que é indevido, seguindo os preceitos da Resolução

Rua Manuela Barbosa, 28 sl. 202 Méier
Rio de Janeiro/RJ - CEP: 20735-110
Telefone: 2593-7830
climag.wordpress.com

Centro de Educação e Saúde
Avaliação Psicológica
Laudos e Pareceres
Psicoterapia
Atendimentos a Crianças, Adolescentes e Adultos

CFP nº 06/2019 (CFP, 2019), Artigo 4º, Parágrafo 2: "Na realização da Avaliação Psicológica, ao produzir documentos escritos, a(o) psicóloga(o) deve se basear no que dispõe o artigo 2º da Resolução CFP nº 09/2018 (CFP, 2018), fundamentando sua decisão, obrigatoriamente, em métodos, técnicas e instrumentos psicológicos reconhecidos cientificamente para uso na prática profissional da(o) psicóloga(o), podendo, a depender do contexto, recorrer a procedimentos e recursos auxiliares (fontes complementares de informação)". Ocampo (2000) e Affonso (2012) relatam que a entrevista com a criança deve ser realizada de forma lúdica com brinquedos, jogos, tinta, lápis de cor, papéis e/ou sucatas etc., que são materiais facilitadores da comunicação não verbal, facilitando a expressão de sentimentos e conflitos da criança. Ademais, não foram aplicadas outras técnicas de avaliação psicológica de crianças para corroborar as afirmações descritas pelo profissional psicólogo na técnica de entrevista, o que deixa a conclusão descrita no laudo como vulnerável a subjetividade do psicólogo. Essa conduta invalida os resultados do material obtido e relatado no laudo psicológico apresentado. Ademais, o psicólogo infringe o Código de Ética Profissional, quando é parente de uma das partes do processo (conforme documentos anexados no processo), pois no Art.2º, letra k, do Código de Ética Profissional do Psicólogo diz que é vedado: "Ser perito, avaliador ou parecerista em situações nas quais seus vínculos pessoais ou profissionais, atuais ou anteriores, possam afetar a qualidade do trabalho a ser realizado ou a fidelidade aos resultados da avaliação" (CFP, 2005, p.10).--

4. CONCLUSÃO

De acordo com a literatura e a legislação que regulamenta a prática da profissão de psicólogo, o laudo psicológico, nas condições descritas nos autos de processo, NÃO FOI CONSIDERADO VÁLIDO, visto que infringe o Código de Ética do Profissional Psicólogo, pois o autor do laudo não apresentou referencial teórico para análise das verbalizações, não utilizou procedimentos de avaliação compatíveis com a idade da criança avaliada, emitiu opinião pessoal, além de ser comprovado, nos autos processo, grau parentesco do psicólogo com uma das partes, infringindo mais uma vez o Código de Ética Profissional.---

Rio de Janeiro, 25 de fevereiro de 2022

Maria Angélica Oliveira Gabriel
CRP05/10305
Carimbo

Rua Manuela Barbosa, 28 sl. 202 Méier
Rio de Janeiro/RJ - CEP: 20735-110
Telefone: 2593-7830
climag.wordpress.com

Centro de Educação e Saúde
Avaliação Psicológica
Laudos e Pareceres
Psicoterapia
Atendimentos a Crianças, Adolescentes e Adultos

REFERÊNCIAS BIBLIOGRÁFICAS

AFFONSO, R.M. L. **Ludodiagnóstico** - a investigação clínica através do brinquedo. Porto Alegre: Artmed, 2012.

CONSELHO FEDERAL DE PSICOLOGIA. **Resolução 06/2019** – Elaboração de Documentos Técnicos. Disponível em: https://atosoficiais.com.br/cfp/resolucao-do-exercicio-profissional-n-6-2019. Brasília: CFP, 2019

CONSELHO FEDERAL DE PSICOLOGIA. **Resolução 09/2018** – Disponível em: Resolução-CFP-nº-09-2018-com-anexo.pdf . Brasília: CFP, 2018.

CONSELHO FEDERAL DE PSICOLOGIA. **Resolução 03/2009.** Disponível em: (Microsoft Word - Resolução\347\343o CFP 001-09.doc) . Brasília: CFP, 2009.

CONSELHO FEDERAL DE PSICOLOGIA. **Código de Ética do Profissional Psicólogo.** Disponível em: codigo-de-etica-psicologia.pdf (cfp.org.br). Brasília: CFP, 2005

OCAMPO, M.L **O processo psicodiagnóstico e as técnicas projetivas**. Rio de Janeiro: Martins Fontes, 2000.

Rua Manuela Barbosa, 28 sl. 202 Méier
Rio de Janeiro/RJ - CEP: 20735-110
Telefone: 2593-7830
climag.wordpress.com

Figura 9 – Parecer Psicológico de Análise de Laudo Psicológico por solicitação judicial [4].

---

4 Esse documento foi elaborado pela professora Maria Angélica Gabriel para o Setor de Avaliação e Psicoterapia da CLIMAG – Centro de Educação e Saúde no Rio de Janeiro com o intuito de uniformizar os documentos emitidos pela Clínica.

CAPÍTULO 7
Registros Facultativos, Validade, Guarda e Envio do Documento Técnico

Como vimos nos capítulos anteriores, basicamente temos cinco documentos técnicos regulamentados pelo Conselho Federal de Psicologia. Ao se tratar de documentos que contêm diagnóstico psicológico (atestado e laudo) ou conteúdo do atendimento psicológico (relatório), temos que considerar que existe uma normatização para registros facultativos (não obrigatórios) no arquivo, bem como prazo de validade do documento e regras para guarda e envio desses documentos, de acordo com a Resolução CFP 06/2019 (CFP, 2019).

REGISTROS FACULTATIVOS

Até o momento, registramos nos capítulos anteriores os itens obrigatórios que devem estar redigidos nos Documentos Técnicos, porém há outros registros que podem ser incluídos nos documentos a critério da(o) profissional psicóloga(o) que redigiu o documento. Dentre os registros facultativos, os seguintes estão na Resolução 06/2019:

- que o documento não poderá ser utilizado para fins diferentes do apontado no item de identificação,
- que possui caráter sigiloso,
- que se trata de documento extrajudicial e
- que não se responsabiliza pelo uso dado ao laudo por parte da pessoa, grupo ou instituição, após a sua entrega.

GUARDA DOS DOCUMENTOS E CONDIÇÕES DE GUARDA

Os documentos utilizados para redação dos documentos: as anotações de observações, os testes psicológicos, os relatos de entrevistas, os levantamentos e análises, bem como todos os documentos escritos decorrentes da prestação de serviços psicológicos, físicos ou digitais, devem ser guardados em forma de registro documental em arquivo próprio e/ou no prontuário do examinando, digitalizado ou físico, pelo prazo mínimo de cinco anos.

O prazo mínimo pode ser ampliado nos casos de determinação judicial ou outros casos, em que seja necessária a manutenção da guarda desses documentos por prazo maior que cinco anos.

Em caso de atuação em clínica ou outra instituição, a responsabilidade pela guarda do material cabe à(ao) psicóloga(o), em conjunto com a instituição em que ocorreu a prestação dos serviços profissionais. Em caso de desligamento, a(o) psicóloga(o) deve manter uma cópia sob sua guarda e a cópia da instituição deve seguir o recomendado no Artigo 15º do Código de Ética Profissional do Psicólogo:

> Art.15 – Em caso de demissão ou exoneração, o psicólogo deverá repassar todo o material ao psicólogo que vier a substituí-lo, ou lacrá-lo [junto à fiscal do CRP da jurisdição] para posterior utilização pelo psicólogo substituto. Em caso de extinção do serviço de Psicologia, o psicólogo responsável informará ao Conselho Regional de Psicologia, que providenciará a destinação dos arquivos confidenciais (CFP 10/2005, Art. 1º, alínea 'k').

A guarda desse material se faz pelo zelo pela pessoa atendida e pela segurança da(o) psicóloga(o), pois em caso de fiscalização ou auditoria, a(o) profissional tem como apresentar o processo que a(o) levou à conclusão apresentada, com o rigor técnico-científico exigido.

A guarda física deste material deve ser feita em arquivo trancado, no qual somente psicólogas(os) possuem a chave; porém, em caso de registros ou prontuários eletrônicos, todo material adicional à intervenção que tenha sido utilizado precisa estar salvaguardado, por exemplo, em caso de uso de testes psicológicos, a folha de protocolo deve ser escaneada e anexada ao registro digital e guardada eletronicamente com senha para garantir o sigilo das informações.

DESTINO E ENVIO DE DOCUMENTOS

Considerando o preceito ético do sigilo profissional, a regulamentação em relação ao destino dos documentos técnicos e a forma de envio é bem clara e determinada em resolução, CFP 06/2019 (CFP, 2019)

Os documentos psicológicos somente podem ser entregues diretamente à/ ao beneficiária/o, ao responsável legal e/ou ao solicitante.

A(O) psicóloga(o) deve realizar uma entrevista final, na qual devolve de forma técnica os resultados do exame ou da intervenção psicológica e entrega o documento escrito solicitado. Essa entrevista é chamada de Entrevista de

CAPÍTULO 7 – Registros Facultativos, Validade, Guarda e Envio do Documento Técnico | 59

Devolução. Nesse encontro, deve-se ter em mãos o documento original a ser entregue e uma cópia do mesmo. O solicitante/ou beneficiário assina na cópia que recebeu o documento e registra a data do recebimento. O protocolo de entrega de documentos (a cópia assinada) deve ser mantido no prontuário com a assinatura de quem recebeu e que este se responsabiliza pelo uso e sigilo das informações contidas no documento.

Caso, não seja possível a entrega do documento por algum motivo, deve ser registrado no prontuário a tentativa de contato e o motivo da não devolução. Ressalta-se que o material que deu origem a produção do documento final (como testes, relatório de entrevistas, por exemplo) não é devolvido ao beneficiário, apenas o documento final (laudo, atestado etc.).

Vale ressaltar que o(a) beneficiário(a) do serviço prestado sempre tem direito ao conteúdo do documento final, mesmo que este tenha sido solicitado por uma instituição. Neste caso, na entrevista devolutiva deve ser relatado o que está contido no documento entregue.

Quando se tratar de resultados para CNH ou Polícia Federal, entre outros órgãos ou instituições, deve-se registrar no documento entregue apenas aquilo que o beneficiário necessita para o trâmite de suas ações, ficando a(o) psicóloga(o) com a cópia do documento completo que foi repassado ao cliente, assinado por este, comprovando a entrega.

Respeitando a Resolução CFP 11/2018, que trata de atendimentos realizados por TICs (Tecnologias da Informação e Comunicação), em caso de entrega de documentos, é obrigatória a assinatura (certificação) digital da(o) profissional e o protocolo de entrega pode ser a resposta ao endereço de correio eletrônico de envio, em que o cliente confirma o recebimento.

PRAZO DE VALIDADE DO CONTEÚDO DOS DOCUMENTOS

O prazo de validade do conteúdo do documento escrito, decorrente da prestação de serviços psicológicos, deverá ser indicado no último parágrafo do documento, antes da assinatura. Não há um prazo de validade determinado para cada documento técnico, a validade dependerá da análise do conteúdo do documento, da profundidade da análise, da área de atuação da(o) psicóloga(o), bem como da necessidade de atualização contínua das informações. Uma sugestão para considerar o prazo de validade são os objetivos da prestação do serviço, os procedimentos utilizados, os aspectos subjetivos e dinâmicos analisados e as conclusões obtidas.

Os documentos que devem ter validade são: Atestado Psicológico, Laudo Psicológico e Relatório Psicológico. Sabemos que o ser humano é um ser vivo,

Laudo Psicológico e Outros Documentos Técnicos

dinâmico e suscetível a mudanças por influências sociais, ambientais e pelas próprias etapas do desenvolvimento, sendo assim, a validade assegura o caráter dinâmico e não determinista do funcionamento dos fenômenos psicológicos envolvidos em processos avaliativos e de intervenção que dão origem aos documentos emitidos pela(o) profissional da Psicologia. O prazo de validade do documento assegura que aqueles fenômenos psicológicos ali avaliados devem ser reavaliados em um tempo determinado.

É de fundamental importância que a(o) psicóloga(o) considere os fundamentos teóricos, técnicos e éticos para decidir a respeito da validade a ser indicada. Em alguns casos, a instituição que recebe o documento já tem um prazo de validade determinado como, por exemplo, a Polícia Federal, em relação à avaliação psicológica de aptidões para manuseio de armas de fogo. A validade pode ter relação com a finalidade do documento, pois um documento técnico, como laudo ou atestado pode ter validade para um fim, por exemplo, uma avaliação para concurso público, esta só terá validade para esse fim, visto que os procedimentos utilizados, ou a outras normativas inerentes ao próprio processo de avaliação psicológica foram dirigidos para aquela finalidade.

Exercitando

1- O Serviço de Psicologia de uma clínica será extinto. Os psicólogos do setor já foram comunicados. Os prontuários dos pacientes, bem como os testes aplicados em avaliação psicológica estão arquivados em arquivo próprio da Psicologia. Considerando que não ficará mais nenhum psicólogo na clínica, como fazer com o material sigiloso?

CAPÍTULO 8
Prontuários

Embora não esteja relacionado na Resolução 06/2019 como um documento técnico da(o) profissional psicóloga(o), os prontuários e demais registros documentais são obrigatórios no exercício da profissão e exigem um capítulo para tratarmos da elaboração desses documentos.

Uma dúvida comum entre estagiários e jovens profissionais é se é preciso fazer o prontuário, caso já tenha elaborado um relatório de atendimento. A resposta é SIM! O prontuário é obrigatório, pois é um tipo de registro documental, que mantém atualizado o atendimento. O atendimento deve ser registrado no prontuário, independentemente de ter registro em outro documento. O prontuário materializa o atendimento realizado.

O prontuário, obrigatoriamente, é arquivado de modo que preserve o sigilo profissional, ou seja, resguardando as pessoas, grupos e instituições atendidas, podendo ser acessado apenas pelos fiscais do Conselho Regional de Psicologia. Como todo e qualquer registro documental, o prontuário deve ser arquivado por pelo menos 5 (cinco) anos.

Comumente, o prontuário é associado a Psicologia Clínica ou Hospitalar, mas é um documento obrigatório em diferentes áreas da Psicologia, a Resolução 01/2009 trata dessa obrigatoriedade.

O prontuário pode ser único ou psicológico. O prontuário único é quando se trata de um mesmo prontuário para diferentes profissionais relatarem a evolução do caso, nesse modelo, todo o material sigiloso, relacionado a instrumentos psicológicos devem ser arquivados separadamente. O prontuário psicológico é de acesso exclusivo do psicólogo, sendo assim, o material produzido em testes psicológicos pode ser arquivado em conjunto. O beneficiário do serviço prestado tem direito a ver seu prontuário, exceto os testes psicológicos, que no caso de vista, devem ser arquivados separadamente.

A ESTRUTURA DO PRONTUÁRIO

Você pode elaborar o prontuário por tópicos, tendo obrigatoriamente que contemplar:

1- Identificação;

2- Avaliação da demanda e objetivo do trabalho;

3- Registro da evolução do trabalho, método e técnicas utilizadas;

4- Registro de encaminhamento ou encerramento do processo de trabalho (CFP, 2009).

Identificação

No item identificação, deve conter os dados do usuário, nome, idade, data do nascimento, local de moradia e outros dados que a(o) psicóloga(o) considere relevante para a evolução do caso em questão. A identificação da(o) profissional psicóloga(o) com número do CRP.

Avaliação da Demanda

No item Avaliação da demanda e objetivo do trabalho, a(o) profissional deve descrever o motivo da consulta, o que motivou a busca do profissional, e qual o objetivo do procedimento a ser implementado.

Vejamos a seguir um exemplo de avaliação da demanda de uma pessoa do sexo feminino que busca atendimento psicológico por apresentar depressão e já estar fazendo uso de antidepressivo, sem apresentar melhora do quadro clínico:

> V. busca o atendimento no dia 27 de janeiro de 2022, relatando que foi encaminhada pelo psiquiatra, que a diagnosticou com depressão. Relata ainda que está fazendo uso de fluoxetina há duas semanas sem apresentar melhora do quadro clínico. A partir da demanda apresentada, a paciente será submetida a avaliação psicológica com objetivo de compreender a estrutura e dinâmica de personalidade, bem como os fenômenos psicológicos e sociais que possam estar relacionados com os sintomas apresentados.

Registro da Evolução

Um questionamento comum é em relação à periodicidade de atualização da evolução no prontuário. Embora a Resolução CFP 01/2009 não determine uma periodicidade para atualização do prontuário, sugiro a atualização semanal, visto que as informações podem se perder ao longo do tempo.

No item Registro da Evolução, a(o) psicóloga(o) deve ter objetividade e clareza no texto e redigir o fenômeno psicológico observado e não o que foi falado durante o atendimento, assim, garantimos o sigilo profissional e resguardamos o usuário em relação à confidencialidade.

Durante um atendimento, muitas coisas são ditas, a(o) profissional precisa entender o significado do que foi relatado para redigir a evolução do caso. As técnicas da Psicologia Aplicada utilizadas para alcançar o objetivo traçado também devem ser relatadas no prontuário.

No caso de atendimento a um grupo de pessoas, a(o) psicóloga(o) deve ter um prontuário do grupo e manter os documentos individuais de cada participante do grupo.

A seguir um exemplo de registro de evolução no Prontuário, em que deve ser registrada a data, a síntese do que foi trabalhado e a técnica utilizada:

Data: 10 de fevereiro

Maria chega à sessão dizendo que está muito cansada, porém durante a sessão se apresenta sociável e participativa, sem demonstrar cansaço físico ou mental. Denota conflitos vividos no ambiente familiar e sentimento de abandono experienciado na relação com figuras maternas. Técnica utilizada: holding (Winnicott) e esclarecimento (Fiorini).

Registro de encaminhamento ou encerramento:

Ao final da avaliação ou intervenção precisa ser redigido o encerramento. Seja porque o caso foi encerrado ou porque foi encaminhado para outro tipo de intervenção ou avaliação. Registre o encaminhamento e o motivo do mesmo.

Segue exemplo de um caso de uma criança em processo de avaliação psicológica, que foi encaminhada para avaliação neurológica:

Após realizada entrevista inicial com pais, avaliação cognitiva e hora de jogo diagnóstica com a criança, observaram-se dificuldades no raciocínio abstrato e na coordenação motora. Tais dificuldades não são compatíveis com a idade cronológica e não parecem estar relacionadas com questões emocionais e sociais do examinando. Juliano foi encaminhado para avaliação neurológica com objetivo de investigar possíveis danos neurológicos, que justifiquem tais dificuldades.

Os documentos resultantes de aplicação de instrumentos de avaliação psicológica devem ser arquivados em lugar de acesso exclusivo de psicólogos. Caso o prontuário seja único, multiprofissional, deve ser registrado apenas o que for relevante para o andamento do trabalho e os testes e documentos devem ser guardados em arquivo separado.

Há registros documentais que não fazem parte do prontuário, mas são registros que devem ser guardados, tais como: documentos solicitados pelo usuário (declarações, atestados etc.) com registro da data de entrega e o motivo da solicitação, bem como encaminhamentos médicos, prescrições em receitas, avaliação escolar e todos os demais documentos emitidos durante o processo de avaliação ou intervenção registrados no prontuário.

O prontuário deve estar sempre atualizado, pois, o usuário do serviço prestado, ou seu representante legal, tem direito a acessar integralmente as informações relatadas em seu prontuário a qualquer momento, bem como o Conselho de Psicologia, quando em atividade de fiscalização.

CAPÍTULO 9
Laudo Psicológico na Clínica

Para iniciar os estudos sobre a elaboração do laudo psicológico na clínica, é importante entender conceitualmente, o que é uma avaliação psicológica, considerando que o laudo é o documento escrito dos resultados desta. A avaliação psicológica é um processo, visto que tem início, meio e fim e acontece em uma sequência de etapas. É um processo técnico-científico, pois se utiliza de instrumentos e técnicas comprovadas cientificamente para chegar ao objetivo final que é a elaboração de um documento técnico com os resultados do processo: Laudo Psicológico. Se a(o) psicóloga(o) não souber fazer avaliação psicológica com domínio de técnicas e/ou instrumentos de avaliação, não há como produzir o laudo psicológico.

O PROCESSO DE AVALIAÇÃO PSICOLÓGICA

Dentre os instrumentos e técnicas utilizados para o processo de avaliação psicológica, podemos citar: Entrevistas; Testes Psicológicos; Análise Documental; Dinâmica de Grupo; Observação de Campo; Questionários; Autobiografia etc. A avaliação psicológica é um processo dinâmico, visto que o(a) psicólogo(a) analisa, interpreta, obtém novas informações, interpreta, integra os dados obtidos, refuta hipóteses iniciais, integra novamente, interpreta os dados integrados, até chegar ao resultado final da avaliação.

A avaliação pode ser realizada com uma pessoa ou com um grupo de pessoas, pode ser realizada por um profissional ou por uma equipe de profissionais.

Além do conhecimento do processo de avaliação psicológica e das técnicas de avaliação, para a redação do laudo, temos ainda que ter determinadas habilidades e competências do psicólogo avaliador, tais como:

- Conhecimento de fundamentos básicos da Psicologia, como teoria do desenvolvimento e processos psicológicos básicos: memória, atenção, aprendizagem, emoção, linguagem, percepção, sensopercepção, motivação, cognição e funcionamento psíquico;

- Domínio no campo da psicopatologia;
- Domínio de um pressuposto teórico, um referencial teórico;
- Conhecimento das resoluções do CFP (Conselho Federal de Psicologia) no que tange à avaliação psicológica;
- Conhecimento da aplicação e análise de técnicas e testes psicológicos.

Técnicas de Avaliação de Personalidade

As técnicas de avaliação de personalidade se apresentam de forma projetiva, expressiva ou por meio de questionários, escalas ou inventários. Essas técnicas investigam características de personalidade através de respostas dadas, de padrões dos movimentos e ritmos corporais, projeções em desenhos, manchas e histórias contadas. As técnicas projetivas oferecem oportunidade para a pessoa reagir de forma característica ou individual, quando maneja e organiza um material. Cabe assinalar que elas possibilitam uma exploração da personalidade mais global e livre do que se pode obter mediante o emprego de outros métodos, uma vez que a execução da tarefa proposta implica em um intenso grau de criação e elaboração pessoal. Temos como exemplo de técnicas projetivas e expressivas o HTP, Teste Z, Teste Palográfico, Psicodiagnóstico de Rorschach, TAT, CAT, dentre outras. Temos as escalas, inventários e questionários de avaliação de fatores específicos da personalidade, tais como: EPQ-J, IFP, IFP-6, Escala HARE e outras.

Testes Cognitivos e Neuropsicológicos

São testes com o objetivo de avaliar o processo de aquisição do conhecimento através da percepção, atenção, memória, raciocínio, juízo, imaginação, pensamento e linguagem. Avaliam inteligência, cognição, aptidões específicas, habilidades e processos de aprendizagem. Os testes cognitivos têm respostas certas ou erradas ou estão disponibilizados em modelo de escala de valores para as respostas. As correções podem ser realizadas através de crivos ou de forma informatizada.

A seguir um caso clínico de uma criança que foi encaminhada pela escola para avaliação psicológica por apresentar problemas de aprendizagem, após aplicação de técnicas de avaliação geral, a psicóloga identificou problemas na área cognitiva e optou por técnicas de avaliação cognitiva e neuropsicológica:

Uma criança foi encaminhada pela escola para a psicóloga por apresentar dificuldades de aprendizagem com desinteresse nas aulas e notas baixas nas provas. Após entrevista com os pais e hora de jogo com a criança, a psicóloga percebe que há alguns fatores cognitivos, que podem estar relacionados com a dificuldade de aprendizagem da criança. Foi percebido que houve uma dificuldade da criança em relacionar partes, compreender a verbalização durante a sessão, lentificação dos movimentos e das respostas verbais, além de demonstrar dificuldade em organizar peças em um todo através do brincar de quebra-cabeça. Após a hora de jogo, a psicóloga optou por utilizar o WISC IV, para avaliar: compreensão verbal, raciocínio abstrato, organização perceptual, memória e velocidade de processamento.

A Técnica de Entrevista

A Entrevista Diagnóstica é uma técnica fundamental e, obrigatoriamente, tem que estar presente em qualquer processo de avaliação psicológica, independente da área em que está sendo realizada a avaliação. É o momento de contato direto com o(a) examinando(a), em que além do conteúdo verbalizado, diversos outros fenômenos e formas de comunicação devem ser consideradas no processo avaliativo. Apesar de parecer uma técnica simples, é a técnica mais difícil, considerando que a personalidade, conflitos, dificuldades, ansiedades e resistências do psicólogo estão presentes em menor ou maior grau nesse contexto e, por muitas vezes, não são percebidos pelo profissional levando a hipóteses contaminadas.

Há diferentes modalidades de entrevista: aberta, semiaberta, fechada. De acordo com a abordagem teórica e habilidades do profissional, deve ser escolhida uma ou mais modalidades para utilização da técnica de entrevista no processo de avaliação psicológica.

Com domínio da técnica de entrevista e boa percepção de si e do outro, o material analisado traz ricas contribuições para análise comparativa de resultados e fidedignidade do laudo psicológico.

É importante ressaltar que a entrevista pode ser feita com o próprio examinando ou com outras pessoas que o(a) psicólogo(a) julgue necessário para complementação diagnóstica.

A ELABORAÇÃO DO LAUDO NA CLÍNICA

O Laudo na Clínica terá seu conteúdo muito variado de acordo com a finalidade do documento e a demanda. Pode ser feito um exame neuropsicológico, um exame de aptidões, uma avaliação de personalidade etc., dependendo da finalidade do laudo psicológico e a análise da demanda.

Apresento nesse capítulo um modelo de laudo psicológico de uma paciente para que seja entendido na prática o passo a passo da elaboração do Laudo Psicológico.

Examinanda do sexo feminino, 63 anos, foi encaminhada pelo psiquiatra para avaliação psicológica por apresentar comportamentos típicos do Mal de Alzheimer, porém com alguns dados cognitivos que colocavam em dúvida o diagnóstico clínico. A Entrevista inicial foi realizada com a examinanda, porém, pelo estado da mesma, considerou-se relevante realizar uma entrevista com um familiar para esclarecimento de situações de vida e do cotidiano, que a examinanda não conseguiu relatar. Foram utilizadas técnicas de investigação da personalidade e de aspectos cognitivos. Os resultados foram analisados em conjunto e foi emitido um laudo psicológico, encaminhado para o psiquiatra solicitante, tal como se segue.

Centro de Educação e Saúde
Avaliação Psicológica
Laudos e Pareceres
Psicoterapia
Atendimentos a Crianças, Adolescentes e Adultos

LAUDO PSICOLÓGICO

1. IDENTIFICAÇÃO
Nome: Maria Silva – 63 anos   **Data do Nasc.:** 16/01/1957
Solicitante: Dr. José Silva (Psiquiatria) - CRM 00-00999
Finalidade: Solicitação médica com fins de complementação diagnóstica.
Autora: Maria Angélica O. Gabriel - CRP 05-10305.

2. DESCRIÇÃO DA DEMANDA
Examinanda encaminhada pelo Dr. José Silva com suspeita de Mal de Alzheimer, necessitando de avaliação neuropsicológica para complementação diagnóstica. Em entrevista com familiar (filho), a demanda é ampliada com necessidade de avaliação psicológica por relatar mudança significativa de comportamento, agressividade exacerbada, medo (insegurança), esquecimento, compulsividade, desorientação espacial, cismas, descontinuidade de tarefas iniciadas, dificuldade de linguagem, compreensão e curso do pensamento. ------

3. PROCEDIMENTOS
Frente a demanda apresentada, fez-se necessário a utilização dos seguintes instrumentos técnicos para compreensão dos processos psicológicos básicos e perfil de personalidade:-----
Entrevista com Familiar (Filho): Entrevista realizada em uma sessão de 40 minutos, antes da entrevista com a examinanda para clarificação da demanda e análise do comportamento e atitudes da examinanda no contexto familiar e social. O uso da técnica de entrevista com a familiar se fez necessário, considerando a demanda de déficit cognitivo e suspeita de Mal de Alzheimer, descrito pelo psiquiatra José Silva. Considerou-se relevante realizar a entrevista com o filho da examinanda, por ele ser o familiar com maior tempo de convívio com a examinanda, no momento, além de acompanhá-la nas consultas e tratamentos de saúde. ------
Entrevista Diagnóstica com a Examinanda: Entrevista realizada em duas sessões de 40 minutos cada, com espaçamento de uma semana entre as mesmas para análise de questões situacionais e estruturais. As entrevistas foram analisadas à luz da teoria psicanalítica (WINNICOTT, 2000) e da personologia (MURRAY, 1938) para compreensão dos fenômenos psicológicos, psicossociais e para análise dos processos psicológicos básicos e avaliação neuropsicológica foi utilizado o estudo nosológico de transtornos mentais (DALGALARRONDO, 2018). -------
Neupsilin (FONSECA, FUMAGALI, MATTOS, 2015) - Teste utilizado para avaliar os processos psicológicos básicos/cognição, aplicado em uma sessão de uma hora. A aplicação do instrumento teve por objetivo fornecer um perfil neuropsicológico, mediante a identificação de preservação ou prejuízo de habilidades neurológicas, visto que avalia oito funções neuropsicológicas, em que sete delas são relacionadas com a descrição da demanda:

Rua Manuela Barbosa, 28 sl. 202 Méier
Rio de Janeiro/RJ - CEP: 20735-110
Telefone: 2593-7830
climag.wordpress.com

Centro de Educação e Saúde
Avaliação Psicológica
Laudos e Pareceres
Psicoterapia
Atendimentos a Crianças, Adolescentes e Adultos

orientação tempo-espacial, atenção concentrada, percepção visual, linguagem oral e escrita, memória verbal e visual, praxias – ideomotora, construtiva e reflexiva – e funções executivas - resolução de problemas e fluência verbal fonêmica. --
TAT (MURRAY, 2015) - Considerando os problemas relacionais e emocionais, relacionados à hipótese inicial, alterações cognitivas e comportamentais apresentadas, o TAT foi utilizado com objetivo de avaliar impulsos, emoções, sentimentos, conflitos da personalidade, percepção do ambiente, bem como avaliar aspectos cognitivos para maior precisão no resultado final do exame neuropsicológico. --

4. ANÁLISE DOS RESULTADOS

ENTREVISTA COM A EXAMINANDA - A Entrevista foi analisada à luz da teoria de desenvolvimento da personalidade de Winnicott (Amadurecimento Emocional) e a teoria de personalidade de Murray (Personologia), já citados. A examinanda apresentou significativa ansiedade, necessidade de apoio, percepção do seu estado emocional e de suas dificuldades cognitivas, bem como o reconhecimento da necessidade de tratamento. Denotou, ainda, sentimento de insegurança e necessidade de afiliação familiar desde a mais tenra infância. Foi capaz de relatar situações atuais e identificar pessoas do seu convívio familiar, recente e anterior, bem como demonstrou capacidade de se relacionar afetivamente. Demonstrou necessidade de se sentir produtiva, de participar de relações sociais e lazer. Ao relatar sobre a sua infância apresentou sinais de ansiedade frente a carência afetiva e dificuldade financeira vivida. Histórico de transtorno psiquiátrico na família, vivência de perda familiar relacionada a violência urbana, caracterizando meio externo como ameaçador, percebe o contexto familiar como um ambiente que pode protegê-la de tal violência (WINNICOTT, 2000). Demonstrou falhas cognitivas relacionadas ao curso do pensamento e a linguagem com comportamento compulsivo relacionado a repetição de frases e palavras, bem como falhas de memória de palavras que dessem significado ao que estava sendo relatado (esquecimento). Necessidade de autonomia em contraposição com a necessidade de dependência e apoio, faz com que experiencie estado interior de incerteza e conflito (MURRAY, 2005). ENTREVISTA COM FAMILIAR (FILHO) - Análise do conteúdo do discurso do familiar foi fundamentado nos estudos nosológicos dos transtornos mentais (DALGALARRONDO, 2018). Observou-se que a examinanda apresenta dificuldade no processo de aprendizagem, linguagem, orientação espacial, compreensão, memória, falta de controle sobre impulsos agressivos, insegurança, delírios, deterioração cognitiva evolutiva. NEUPSILIN - Examinanda demostrou significativo grau de ansiedade frente a execução do exame, porém executou as tarefas, seguiu as instruções com dificuldades, mas sem fazer oposição ao que lhe foi solicitado. Em relação à atenção, a examinanda apresentou índices sugestivos de déficit cognitivo, denotando certa dificuldade na seleção e organização da informação. Apresentou dados sugestivos de gravidade na memória

Centro de Educação e Saúde
Avaliação Psicológica
Laudos e Pareceres
Psicoterapia
Atendimentos a Crianças, Adolescentes e Adultos

de trabalho (dificuldade de guardar informações necessárias para uma tarefa, ou seja, dificuldade atencional), no ordenamento ascendente (a examinanda reconhece, mas tem dificuldade de invocar informações), no *span* auditivo (memória de pouca duração, que se perde após um período) e reconhecimento (déficit na memória auditiva, tendo melhor desempenho na memória visual). Teve capacidade de armazenar informação, porém com dificuldade de evocação da mesma. Quanto as habilidades aritméticas, os resultados foram sugestivos de déficit cognitivo de gravidade importante. Apresentou acalculia, dificuldade de executar cálculos simples, que é comum em pacientes com lesão no HD. Na linguagem apresentou-se um pouco abaixo da média da população brasileira de sua faixa etária e escolaridade, o que sugere um alerta para déficit cognitivo, por afasia expressiva, ou seja, perda na capacidade de emissão de respostas, porém com capacidade para compreensão do que lhe é dito. Denotou ainda afasia de condução, com trocas de fonemas e dificuldade de repetição, mas mantendo a capacidade de compreensão. Na escrita ditada a examinanda apresentou alterações fonoaudiológicas, demonstrando sinais de gravidade de déficit cognitivo nessa área, que podem estar relacionadas ao déficit de atenção auditiva sustentada ou seletiva. Na avaliação da praxia construtiva, ficaram evidentes, na cópia do desenho do cubo, falta de perspectiva e problemas de percepção viso-espacial, ou seja, incapacidade de executar movimentos coordenados. A construção do relógio destacou-se pelos números desenhado à direita e falta de lembrança dos números da esquerda, indicando heminegligência e, mais uma vez, problemas de percepção viso-espacial. A examinanda teve dificuldade de perceber o objeto como um todo, embora detalhes tenham sido percebidos corretamente. A integração das partes no todo estava prejudicada com distorção das partes e perda das relações espaciais. Lesões cerebrais à direita podem levar à prejuízos dos processos viso-perceptivos e viso-espaciais, necessitando de exame neurológico para complementação diagnóstica. Em relação à função executiva, na tarefa de Resolução de Problemas, que envolve questões simples, não houve dificuldades. Entretanto, na tarefa de Fluência Verbal com critério ortográfico ou fonêmico, houve dificuldade de evocação, demonstrando dificuldade no acesso à memória léxico-semântica, indicando comprometimento nesta área (FONSECA, FUMAGALI, MATTOS, 2015). No resultado do teste de personalidade, TAT, a examinanda apresentou tristeza e conflitos internos em relação a necessidade de realização e a dificuldade interna para alcançar seus objetivos. Sinais de ansiedade, insegurança, necessidade de aprovação do meio e déficit cognitivo. Suas ações, pensamentos e emoções têm significativa relação com o seu mundo interno, pouco relacionado com o meio social e familiar. Sentimentos confusos, confusão mental, dificuldade na organização cronológica dos fatos. Pobreza na produção e incapacidade de resolução de conflitos simples do cotidiano, o que está relacionado com pobreza egóica/déficit cognitivo (MURRAY, 2005). --

Rua Manuela Barbosa, 28 sl. 202 Méier
Rio de Janeiro/RJ - CEP: 20735-110
Telefone: 2593-7830
climag.wordpress.com

Centro de Educação e Saúde
Avaliação Psicológica
Laudos e Pareceres
Psicoterapia
Atendimentos a Crianças, Adolescentes e Adultos

5. CONCLUSÃO

O exame neuropsicológico apontou para dificuldades na memória auditiva e visual com capacidade de armazenar a informação, porém com déficit na evocação; déficit no raciocínio lógico, bem como dificuldades relacionadas à linguagem: afasia de condução, trocas de fonemas e dificuldade de repetição, mantendo a capacidade de compreensão com falhas fonoaudiológicas relacionadas a atenção auditiva sustentada/seletiva. Demonstrou, ainda, déficit na percepção viso-espacial com dificuldade de perceber o objeto como um todo. Considerando-se que, os déficits cognitivos descritos são comuns em pacientes com lesões no HD, torna-se necessária a avaliação neurológica para conclusão. Emocionalmente, a examinanda se apresentou com significativa tristeza, ansiedade, insegurança e necessidade de apoio, além de confusão mental, dificuldade na organização cronológica dos fatos, pobreza na produção e incapacidade de resolução de conflitos simples do cotidiano. A partir da análise dos resultados e considerando o momento evolutivo da examinanda, conclui-se que a mesma apresenta estado de deterioração mental com alterações cognitivas, comportamentais e sociais em processo evolutivo, bem como comprometimentos emocionais significativos. A examinanda foi encaminhada para Neurologia para avaliação neurológica e psicoterapia com especialista em tratamento de idosos. ---

Obs.: 1- Este documento não pode ser utilizado para fins diferentes do apontado no item de identificação, além de se tratar de documento extrajudicial. 2- O Laudo Psicológico tem caráter sigiloso, e, após data assinada de entrega, o Dr. José Silva passa a ser corresponsável pelo sigilo das informações prestadas neste documento. 3- Validade: até 23 de junho de 2022, data em que a examinanda precisará ser reavaliada. ---

Rio de Janeiro, 23 de dezembro de 2021

(assinatura)
Maria Angélica Oliveira Gabriel
Psicóloga CRP 05/10305

REFERÊNCIAS BIBLIOGRÁFICAS

DALGALARRONDO, P. **Psicopatologia e Semiologia dos Transtornos Mentais.** 3.ed. Porto Alegre: Artmed,2018.
FONSECA, R; FUMAGALI, J.; MATTOS, M.A. **Neupsilin**. São Paulo: Editora Vetor, 2015.
MURRAY, H. A. **TAT**- Teste de Apercepção Temática. Adaptação e padronização brasileira: Maria Cecília Vilhena da Silva. 3ª ed. São Paulo, SP: Casa do Psicólogo,2005.
MURRAY, H. A. **Explorations in Personality**. New York: Oxford University Press, 1938.
WINNICOTT, D.D. **Da Pediatria à Psicanálise**: obras escolhidas. Rio de Janeiro: Imago, 2000.

Rua Manuela Barbosa, 28 sl. 202 Méier
Rio de Janeiro/RJ - CEP: 20735-110
Telefone: 2593-7830
climag.wordpress.com

Figura 10 – Laudo Psicológico[5]

---

5 Esse modelo de documento foi elaborado na CLIMAG – Centro de Educação e Saúde e concedido para esse manuscrito com o intuito de compartilhar conhecimentos com os leitores.

Exercitando

1- Um paciente de 20 anos procura uma psicóloga com a seguinte demanda: Dificuldades de relacionamento familiar, dificuldade de interação social, timidez, tristeza, relata ser alvo de bullying na faculdade, por ser tímido e esquisito. A psicóloga, frente a análise da demanda, decide utilizar o seguinte procedimento para avaliação psicológica: entrevista inicial (60m), TAT (duas sessões de 60m cada), IHS (50m), Teste das Pirâmides Coloridas de Pfister (60m). Foram realizados 05 (cinco) encontros de Avaliação Psicológica, nos dias 02, 06, 13, 14 e 20.

Elabore o texto do item PROCEDIMENTO para compor o Laudo Psicológico.

CAPÍTULO 10
Laudo de Aptidões para Manuseio/ Porte de Arma de Fogo

Para emissão de laudo psicológico decorrente de avaliação psicológica para a concessão de registro e/ou porte de arma de fogo, é indispensável que a(o) psicóloga(o) esteja inscrito no Conselho Regional de Psicologia de sua região e credenciado pelo DPF (Departamento da Polícia Federal), de acordo com a Normativa DPF 78/2014, que estabelece os procedimentos para credenciamento, fiscalização da aplicação e correção dos exames psicológicos para Manuseio de Arma de Fogo.

Além de ter que seguir os quesitos de avaliação descritos na Normativa DPF 78/2014, o(a) profissional deve fundamentar seu trabalho na Resolução CFP 018/2008, na Resolução CFP 10/2009, na Resolução CFP 06/2019 e no Código de Ética Profissional do Psicólogo.

A Normativa do DPF 78/2014, são relacionados os fatores que precisam ser avaliados para concessão de arma de fogo. Sendo assim, no Laudo Psicológico deve constar a avaliação dos fatores restritivos e favoráveis, que são:

Indicadores Psicológicos Necessários

1. Autocrítica
2. Autoestima
3. Autoimagem
4. Controle
5. Decisão
6. Empatia
7. Equilíbrio
8. Estabilidade
9. Flexibilidade
10. Maturidade
11. Prudência

12. Segurança
13. Senso crítico

Indicadores Psicológicos Restritivos
1. Conflito
2. Depressão
3. Dissimulação
4. Distúrbio
5. Exibicionismo
6. Explosividade
7. Frustração
8. Hostilidade
9. Imaturidade
10. Imprevisibilidade
11. Indecisão
12. Influenciabilidade
13. Insegurança
14. Instabilidade
15. Irritabilidade
16. Negativismo
17. Obsessividade
18. Oposição
19. Perturbação
20. Pessimismo
21. Transtorno
22. Vulnerabilidade

Além dos fatores restritivos e favoráveis, a Polícia Federal determina a avaliação de dois fatores: atenção (concentrada e difusa) e memória (visual e auditiva)

Como já compreendido em capítulos anteriores, para elaborar o laudo psicológico, precisamos avaliar os fatores necessários para definir se o candidato está apto ou inapto para manuseio de arma de fogo.

Embora o termo utilizado, até o presente momento pelo DPF seja laudo psicológico, sabemos que quando atestamos se uma pessoa está apta ou não para uma determinada atividade, o que é elaborado e encaminhado é um

CAPÍTULO 10 – Laudo de Aptidões para Manuseio/Porte de Arma de Fogo | 75

Atestado Psicológico e não um Laudo, mas tomemos como uma falha no uso da terminologia para definição do documento solicitado.

Dessa forma, teremos que elaborar um laudo psicológico que fica arquivado junto ao registro documental do processo de avaliação do candidato, com um modelo de Atestado (laudo na Normativa DPF 78/2014) assinado pelo candidato com a data de recebimento do mesmo.

Na Normativa do DPF 78/2014, também estão determinadas as modalidades de instrumentos que precisam ser utilizados no processo de avaliação, que são: entrevista semiestruturada, teste projetivo, teste expressivo, testes de atenção e de memória. Sabemos que pelo CFP, temos que incluir no processo a Entrevista de Devolução.

Então, para elaboração do laudo psicológico precisamos seguir o seguinte processo:

1. Entrevista Semiestruturada
2. Técnica Projetiva
3. Técnica Expressiva
4. Testes de Memória e Atenção
5. Elaboração do laudo no modelo do CFP e no modelo do DPF
6. Entrevista de Devolução

Após o processo avaliativo com os instrumentos correspondentes as determinações do DPF, a(o) psicóloga(o) irá identificar os fatores favoráveis e restritivos nos resultados dos instrumentos. A partir dessa análise, redigir um laudo no modelo do Conselho Federal de Psicologia, seguindo o descrito no capítulo 5 – Laudo Psicológico, porém com foco no que precisa ser relatado, de acordo com os fatores restritivos e necessários para atestar aptidão ou não para o manuseio de arma de fogo.

Em Identificação, no item Finalidade, deve ser descrito: Comprovação, junto ao DPF, de condições psicológicas para manuseio de arma de fogo.

Em Descrição da Demanda, deve ser relatado o objetivo que é de autorização do Departamento da Polícia Federal para manuseio de arma de fogo e incluir o que o examinando alega como motivo para estar buscando a autorização para manuseio de arma de fogo. Exemplo de Descrição da Demanda:

Examinando solicita avaliação psicológica com objetivo de obter autorização da Polícia Federal para manuseio de arma de fogo. Alega que mora em local de risco e sente que sua família fica ameaçada, pois, meliantes já entraram duas vezes em sua casa e roubaram pertences que estavam na área externa da casa. Acrescenta que o uso da arma seria para assustar

Laudo Psicológico e Outros Documentos Técnicos

os infratores (sic). Foram considerados os fatores restritivos e favoráveis definidos na Normativa 78/2014 para compor os procedimentos necessários para avaliação.

No item Procedimentos precisa ter pelo menos uma de cada modalidade de instrumento de avaliação exigido: 1 Entrevista Semiestruturada, 1 Teste Projetivo (Rorschach, TAT, Teste Z ou outro projetivo), 1Teste Expressivo (Palográfico, HTP ou outro expressivo), 1 Teste de Memória (RVALT, MVR ou outros), 1 Teste de Atenção (AC, TEACO FF, TEADI ou outro).

O item Análise, precisa ser redigido de forma organizada, pode ser uma síntese analítica de cada técnica aplicada ou pode ser redigida por fatores avaliados. O importante é que tenha coesão e coerência textual no relato.

Como o laudo é conclusivo, na Conclusão precisa estar descrito se o candidato está apto ou inapto para o manuseio de arma de fogo e os fatores que conduziram a tal conclusão.

Ao finalizar o laudo no modelo do Conselho Federal de Psicologia, a(o) psicóloga(o) deve elaborar o documento determinado pela DPF, que se aproxima do Atestado Psicológico em duas cópias, uma que será entregue ao examinando e outra que será assinada pelo mesmo, protocolada e arquivada junto aos registros documentais do processo de avaliação psicológica e guardado por pelo menos cinco anos.

Apresento a seguir, um documento no modelo que precisa ser entregue ao solicitante para que ele possa dar andamento ao seu processo, junto à Polícia Federal (Figura 11). Conforme já relatado, esse modelo foi normatizado em 2014 e não segue os preceitos éticos e técnicos do Conselho Federal de Psicologia, mas é o documento que é normatizado pelo DPF. Esse é um caso fictício de uma pessoa interessada em concessão de arma de fogo junto a Polícia Federal. Após avaliação psicológica foi elaborado o laudo psicológico e arquivado junto ao prontuário do examinando e emitido o "Laudo" no modelo da DPF em duas vias, uma foi entregue ao examinando e a outra foi protocolada e arquivada junto aos registros documentais do mesmo.

Exercitando

1- Um homem, de 45 anos, procura você para fazer avaliação psicológica para apresentar à Polícia Federal com o objetivo de ter autorização para ter uma arma em casa, alegando que o lugar que mora é muito perigoso. Que documento você precisa emitir? O documento que você precisa arquivar é o mesmo que é enviado para a Polícia Federal?

Centro de Educação e Saúde
Avaliação Psicológica
Laudos e Pareceres
Psicoterapia
Atendimentos a Crianças, Adolescentes e Adultos

LAUDO PSICOLÓGICO

IDENTIFICAÇÃO DA CLÍNICA:
Nome: Climag - Centro de Educação e Saúde Eireli ME
Endereço: Rua Manuela Barbosa, 28 Sala 202 Méier
Cidade: Rio de Janeiro CEP: 20.735-110   UF: RJ
Responsável Técnica: Maria Angélica Oliveira Gabriel
CPF da Responsável Técnica: 731.080.657-34

IDENTIFICAÇÃO DO AVALIADO
Nome: Maria Silva   Sexo: Feminino
Estado civil: Casada   Escolaridade: Nível Médio
Idade: 40 anos   CPF: 000.100. 00-00
Profissão: Vigilante   Data da avaliação: 21/11/2021

A candidata acima relacionada foi submetida à avaliação psicológica, sendo considerada:

( ) APTA ao manuseio de arma de fogo
(x) APTA ao manuseio de arma de fogo e ao exercício da profissão de vigilante
( ) INAPTA

Rio de Janeiro, 25 de novembro de 2021.

Nome da psicóloga: Maria Angélica Oliveira Gabriel
Nº CRP: 05/10305
CPF: 731.080.657-34

(Assinatura e Carimbo da Psicóloga)
_____

Rua Manuela Barbosa, 28 sl. 202 Méier
Rio de Janeiro/RJ - CEP: 20735-110
Telefone: 2593-7830
climag.wordpress.com

Figura 11 – Modelo da Polícia Federal (Normativa DPF 78/2014).

CONSIDERAÇÕES FINAIS

A partir do estudo realizado nesse livro, compreendemos que os documentos elaborados pela(o) psicóloga(o) são documentos técnico-científicos, por isso o texto deve ser detalhado, didático, preciso e harmônico, devendo ser acessível e compreensível ao destinatário, respeitando os preceitos do Código de Ética Profissional. As citações e referências bibliográficas são obrigatórias e necessárias, pois comprovam a cientificidade do documento.

O(A) autor(a) do documento, você, deve considerar a demanda e os procedimentos, deve redigir seu texto sempre fundamentado(a) em uma abordagem teórica e com técnicas de avaliação e intervenção da prática da Psicologia, deve consultar o SATEPSI, quando se tratar de documento decorrente de avaliação psicológica (Atestado e Laudo Psicológico), bem como deve redigir suas conclusões e recomendações, considerando a natureza dinâmica e não cristalizada do seu objeto de estudo (pessoa, grupos sociais, empresas, comunidades etc.).

Para redação dos documentos técnicos apresentados nesse livro, precisam ser respeitados os artigos da resolução CFP 06/2019. O documento precisa ser elaborado de acordo com a sua finalidade e respeitando os itens obrigatório do documento.

Os documentos produzidos devem ser guardados pelo prazo mínimo de 05 anos, observando-se a responsabilidade por eles tanto do psicólogo, quanto da instituição em que ocorreu o processo que deu origem ao documento redigido.

O objetivo desse escrito foi orientar profissionais psicólogos e estagiários da Psicologia para produção de documentos técnicos com qualidade e respeito à ética profissional da(o) psicóloga(o).

Por fim, devemos sempre lembrar que a Educação é continuada e a ciência é dinâmica, tal como o ser humano, sendo assim, é preciso estar sempre atenta(o) as novas resoluções do CFP, bem como fazer consultas periódicas ao SATEPSI para identificar os testes e técnicas que podem ser utilizados no momento em que você estiver elaborando um documento técnico.

Referências Bibliográficas

CONSELHO FEDERAL DE PSICOLOGIA (CFP). Resolução nº 01 /2009. Brasília: CFP, 2009. Disponível em: <https://atosoficiais.com.br/cfp/resolucao-do-exercicio-profissional-n-1-2009-dispoe-sobre-a-obrigatoriedade-do-registro-documental--decorrente-da-prestacao-de-servicos-psicologicos?origin=instituicao&q=01/2009> Acesso em: setembro de 2021.

CONSELHO FEDERAL DE PSICOLOGIA (CFP). Resolução nº 09/2018. Brasília: CFP, 2018. Disponível em: < https://atosoficiais.com.br/cfp/resolucao--do-exercicio-profissional-n-9-2018-estabelece-diretrizes-para-a-realizacao--de-avaliacao-psicologica-no-exercicio-profissional-da-psicologa-e-do-psicologo-regulamenta-o-sistema-de-avaliacao-de-testes-psicologicos-satepsi-e-revoga-as-resolucoes-no-002-2003-no-006-2004-e-no-005-2012-e-notas-tecnicas-no-01-2017-e-02-2017?origin=instituicao&q=09/2018#> Acesso em setembro de 2021.

CONSELHO FEDERAL DE PSICOLOGIA (CFP). Resolução nº 05/2010. Brasília: CFP, 2010. Disponível em < https://atosoficiais.com.br/cfp/resolucao-do-exercicio-profissional-n-5-2010-altera-a-resolucao-cfp-no-001-2009-publicada-no-dia-1-de-abril-de-2009-pag-90-secao-i-do-dou?origin=instituicao&q=05/2010> Acesso em: setembro de 2021.

CONSELHO FEDERAL DE PSICOLOGIA (CFP). Resolução nº 06/2019. Brasília: CFP, 2019. Disponível em: < https://atosoficiais.com.br/cfp/resolucao-do-exercicio--profissional-n-6-2019-institui-regras-para-a-elaboracao-de-documentos-escritos--produzidos-pela-o-psicologa-o-no-exercicio-profissional-e-revoga-a-resolucao-cfp-no-15-1996-a-resolucao-cfp-no-07-2003-e-a-resolucao-cfp-no-04-2019?origin=-instituicao&q=06/2019 > Acesso em: novembro/2021.

CONSELHO FEDERAL DE PSICOLOGIA (CFP). Resolução nº 10/2005. Código de Ética Profissional do Psicólogo. Brasília: CFP, 2005. Disponível em: <https://site.cfp.org.br/wp-content/uploads/2012/07/codigo-de-etica-psicologia.pdf> Acesso em: outubro de 2021.

CONSELHO FEDERAL DE PSICOLOGIA (CFP). Resolução nº 11 /2018. Brasília: CFP, 2018. Disponível em: < https://atosoficiais.com.br/cfp/resolucao-do-exercicio-profissional-n-11-2018-regulamenta-a-prestacao-de-servicos-psicologicos-realizados-por-meios-de-tecnologias-da-informacao-e-da-comunicacao-e-revoga-a-resolucao-cfp-no-11-2012?origin=instituicao&q=11/2018>. Acesso em: dezembro de 2021.

CONSELHO FEDERAL DE PSICOLOGIA (CFP). Resolução nº 05/2010. Brasília: CFP, 2010. Disponível em < https://atosoficiais.com.br/cfp/resolucao-do-exercicio-profissional-n-5-2010-altera-a-resolucao-cfp-no-001-2009-publicada-no-dia-1-de-abril-de-2009-pag-90-secao-i-do-dou?origin=instituicao&q=05/2010> Acesso em: setembro de 2021.

CONSELHO FEDERAL DE PSICOLOGIA (CFP). Resolução nº 018/2008. Trabalho do psicólogo na avaliação psicológica para concessão de registro e/ou porte de arma de fogo. Disponível em < https://atosoficiais.com.br/cfp/resolucao-do-exercicio-profissional-n-18-2008-dispoe-acerca-do-trabalho-do-psicologo-na-avaliacao-psicologica-para-concessao-de-registro-e-ou-porte-de-arma-de-fogo?origin=instituicao&q=porte%20de%20arma> Acesso em: setembro de 2021.

CONSELHO FEDERAL DE PSICOLOGIA (CFP). Resolução nº 010/2019 – Altera a Resolução CFP nº 018/2008. Disponível em < https://atosoficiais.com.br/cfp/resolucao-do-exercicio-profissional-n-18-2008-dispoe-acerca-do-trabalho-do-psicologo-na-avaliacao-psicologica-para-concessao-de-registro-e-ou-porte-de-arma-de-fogo?origin=instituicao&q=porte%20de%20arma > Acesso em: setembro de 2021.

CRISTO E SILVA, Fábio Henrique Vieira de; ALCHIERI, João Carlos. Laudo psicológico: operacionalização e avaliação dos indicadores de qualidade. Psicol. cienc. prof., Brasília, v. 31, n. 3, p. 518-535, 2011. Disponível em:<http://www.scielo.br/scielo.php?script=sci_arttext&pid=S1414- 98932011000300007 &lng=en&nrm=iso>.

DEPARTAMENTO DA POLÍCIA FEDERAL (DPF). Normativa 78/2014. Estabelece procedimentos para o credenciamento, fiscalização da aplicação e correção dos exames psicológicos. Disponível em: <http://www.pf.gov.br/servicos-pf/armas/psicologos/instrucao-normativa_78_1 0defevereiro2014-1.pdf> Acesso em: agosto de 2021.

FIORINI, H. Teoria e Técnica de Psicoterapias. 2. ed. Rio de Janeiro: Martins Fontes, 2003.

LAGO, Vivian de Medeiros; YATES, Denise Balem; BANDEIRA, Denise Ruschel. Elaboração de documentos psicológicos: Considerações Críticas à Resolução CFP nº007/2003. Temas psicol., Ribeirão Preto, v. 24, n. 2, p. 771-786, jun. 2016.

VETHELYI, R. F. O informe psicológico. In: OCAMPO, M. L. S.; ARZENO, M. E. G.; PICCOLO, E. G. (Org.). O processo psicodiagnóstico e as técnicas projetivas. 11 .ed. São Paulo: WMF Martins Fontes, 2009. p. 441-473.